好的教育

第二辑

唐江澎 著

AI 时代学生画像

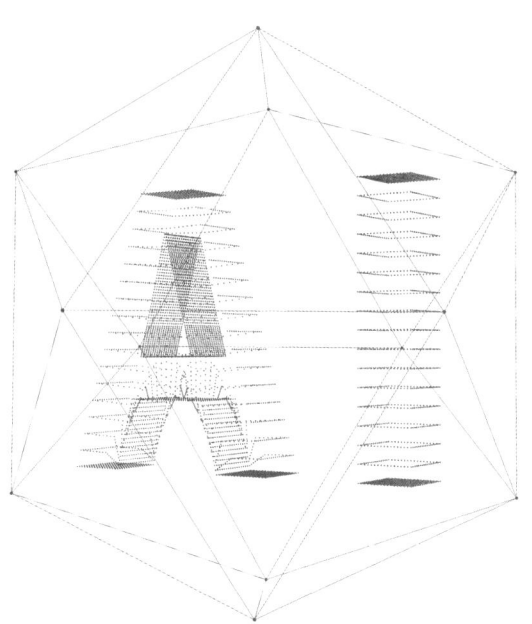

唐江澎教育演说：
一种教育叙事方式

《AI时代学生画像》是唐江澎的一本演讲集，意蕴丰厚，风格独特，是本好书。我将书稿从头到尾看了一遍，还画了重点，以便以后再读、再思考。

这本演讲集中，唐江澎用他不同的文体，回答了"什么是演讲"：为什么说？说什么？怎么说？在说的背后是什么？唐江澎已构建了教育演讲的一种叙事范式，以他发自内心的声音，和他的思想，阐释了教育的基本问题，给我们以启迪和鼓舞。

首先是回答了为什么说。其实，"AI时代学生画像"是一个时代命题，是对时代机遇和挑战的主动回应。马克思早就指出："问题是时代的格言，是表现时代自己内心状态的最实际的呼声。"世界已进入了人工智能时代，AI正在改变人类的生产方式、生活方式、交往方式，当然也正在改变教与学的方式。因为AI来势迅猛，我们几乎措手不及，往往处在困惑甚至迷茫状态。唐江澎早就关注并且通过实践，在准确预判的同时，对毕业生形象做了长期、深入的研究，他凝练的高中毕业生"四个者"形象，在教育界乃至社会各界引起了广泛而深刻的影响。近两年，他又面对人工智能这一历史机遇，从不同角度进行更深刻的思考，做出新的阐释。所以，这本书不是应景之作，而是在厚实基础上，对时代命题的认真应答，说出了内心最真诚的声音，廓清了一些基本又重要的问题。其深意是：在AI时代，我们一定会更好，做站立于时代潮头的创造者。《AI时代学生画像》的根本价值就在于此。

其次，是说什么。"AI时代学生画像"是个具有迁移性、牵引性的命题，抑或，这一命题本身就涵盖了教育教学的诸多问题。第一，"画像"是国家培养目标的具体化表达,让学生成长更有目标指向性,更具形象的召唤性,也更能激发学生成长的渴望和志向。在技术狂飙时代,我们更要守护好人性的光辉,做到智者不惑、仁者不忧、勇者不惧。而这一切都蕴涵在"画像"中。第二,"画像"在教育教学过程中完成、绘就。比如,这本书中,有"在追问中求解"辑目,其中有《应试教育的问题主要源于"试"的导向》,好尖锐、深刻。比如,有"即席感怀"辑目,其中,《"被需要"是一种幸福,一种责任》,论及人的成长机遇,"被需要"可以转化为"我需要"。比如,"教育领导的境界"辑目,其中,《站立于教育家境界,做一位幸福的班主任》,确认一种身份——做教育家型的班主任,永远当班主任不会影响发展,还有"铭记四个底线""明确两种使命""提升三种能力"。再比如,"对谈·洞见"辑目,无论是《半月谈》的专访,还是《焦点访谈》的专访,还是关于钱学森的对话,都关涉教育教学的方方面面。唐江澎纵论教育,开合自如,探索制度改革、实践创新，推动育人方式变革真正落地。不难看出，这本演讲集，是唐江澎以另一种方式，透视并牵动教育教学改革，其视野之开阔、格局之宽宏，显而易见，但又总是从某一切口入手，可谓"致广大而尽精微"。

再次，是怎么说。这本演说集，还包括了访谈、沙龙对话等，文体多样，篇幅长短不一，但都能触及心灵，都闪现着思想之光、精神之光、智慧之光。一些演说虽是现场发挥的，但感染力很强，能激起人内心的波澜，引起情感共鸣和促发新的想象，这是典型的"唐氏风格"。这本书所有篇目绝不只是有感而发，而是对问题洞察后深思的作品。从学理来看，人做事，包括学术研究需要直觉思维或感性思维。记得黑格尔对美有个定义，"美是理念的感性显现"。唐江澎的演讲，美就美在鲜活、真实、丰盈，直抵人的情感深处，唤醒人沉睡的记忆和巨大的潜能，理念、理想有了温度的时候还不美吗？还记得美国现代课程论专家小威廉·E.多尔说过，直觉有时比逻辑还重要。想象一下,当逻辑遇上直觉思维的时候,精彩才会发生。即使有感而发,也是在深厚积淀之中刹那间的灵感迸发。正如柴可夫斯基所说,灵感是需要邀请的。唐江澎是个善于创思的人。

最后,在说的背后是什么。给学生"画像"很重要,我读书稿时产生一种联想:能不能给为学生"画像"的唐江澎也来一次"画像"呢?道理并不复杂:达己才能达人,立己达人才能达天下。唐江澎,才华横溢,精神饱满,精力过人,创意无限。他本身就是一种可能性,又将诸多的不可能变成可能,创造了不少的奇迹。当我把这些话告诉他的时候,他回了八个字:"我只是一个行动者。"正是这八个字让我重新认识、发现了唐江澎。法国哲学家萨特专门论述了人怎么认识自己。他说:"别人眼中的你不是你,你眼中的自己也不是你,你眼中的别人才是你!"这句话很深奥,我领悟到,唐江澎邀我写序是很有深意的,真正认识别人才能认识自己。做一个被唐江澎发现的眼中的"别人"很荣幸。

是的，总以为唐江澎很有激情、很诗意，学术很有建树，对中国基础教育作出了贡献，产生了积极影响。他善于表达，而这一切都是他自己做出来的，说的背后是做，踏踏实实做，不浮躁，更不浮夸，他宣示：只有行动，才能做成一些事。

他是一个有理想的行动主义者，是一个会研究的行动主义者，是一个负责任的行动主义者。唐江澎的信条是：把理想做出来，将国家要求和现代教育理念转化为真实、丰富、生动的实践，建构高中育人范式，创新教师专业发展范式，创生教育叙事范式。这本演讲集将三种范式融为一体，用多种方式表达了他建构的内容和风格。教师喜欢听他演讲，爱读他的书，乐于和他聊天，这种"唐氏风格"吸引了大家、感染了大家。从这本书中我又领会了关于风格的含义：风格是关于修辞的。

是为序。

成尚荣

2025年6月24日

现场的激情与魅力

唐江澎《好的教育》的第二辑《AI时代学生画像》出版了。这是一部内容丰富，言说方式独特，富于启发性与感染力的著作。

毫无疑问，如同书名所提示的，唐江澎首先带我们一起思考AI时代的教育。虽然自1956年达特茅斯会议，人工智能就进入了人们的视野，但直到20世纪90年代才引起广泛的关注。而到了2023年，ChatGPT推出生成式AI，短短两三年时间，这个世界就真正进入了人工智能时代。相比起此前所有的工业革命与科技革新，人工智能在覆盖面与创新性上最为广泛而深刻：它引发的变革是全方位的，任何行业都无可逃避；它对所有行业的改变是深刻的,深刻到几乎要将它们"归零"。一些行业式微甚至消失了,一些行业诞生了,而更多的行业则走在"革心洗面、重新做人"的路上。教育也是如此。唐江澎在风起萍末之时就在理论与实践上开始探索人工智能时代教育的新路径。2014年,那还是 Wi-Fi 环境下生成对抗网络(GAN)推动图像生成技术发展的年月,唐江澎就在当时他主政的江苏省锡山高级中学启动了"江苏高中'未来教室'研究"课题,经过十年的努力,这一课题在锡山高中结出了丰硕成果,并已经成为学校教育的日常。毫无疑问,也是从那时起,唐江澎的内心就有了与时俱进的"AI 教育情结",他始终保持着对人工智能的关注,不断共时性地提出 AI 教育问题。可以说,他是国内在这一问题上思考最多的引领性的教育专家之一。他不但从教育哲学的高度宏观地思考 AI 时代教育变革的许多本质性问题,提出遵循人的成长规律,让学生做 AI 的主人,成为"不断放大强化'大写的人'"的主张,更在实践上从教育一线的层面给出诸多操作性的解决方案。唐江澎虽然是AI教育的弄潮人，但他又是实事求是、清醒理智的，既看到AI所展示出的未来教育的无限可能，又不回避AI对教育现实的冲击。唐江澎不但没被那些天马行空的"美好愿景"带了节奏，而且能在热闹处冷峻地看到落后的教育观念下AI在教学上的"助纣为虐"。我以为，这是任何一个教育人在AI时代所应取的态度。

其实，在本书中，AI时代的教育既是一个现实问题，但更具有未来性，甚至，在未来性上又具有了隐喻性。这也是这本书以"AI时代学生画像"为书名，并且将这一话题置于第一部分的原因。通观全书，讨论AI时代的教育只是其中一部分论题，余下三部分的广泛话题大都聚焦于当下的现实教育场景。作者这么安排其实是以结构的方式表达他对教育的认知，表达他解决教育问题的思路与方法，那就是我们思考当下的教育现状时一定要有未来的愿景，而未来的解决之道又恰恰在脚下，甚至在我们走过的来时之路。所以,唐江澎反复强调要将令人心潮澎湃的理想转化为学校的教育景观,要把握好理想与现实、当下与未来、终极价值与工具价值之间的平衡。明乎此,才不负本书的文心,也就更能体察作者的教育之思。

所以,《AI时代学生画像》不厚,但却是一部耐读的、特别有用的大书。很难用一句话来定义唐江澎,因为在唐江澎的身上既积淀了丰富的教育教学经验——他是一名优秀的教师、一位在教育管理上卓有成就的校长,同时,他又处在中国教育改革的前沿,参与中国教育的国家话语决策,以精湛独到的学术思想成就了自己教育家的形象。列宁在哲学笔记中充分肯定了黑格尔"中介"概念的意义,认为"一切都是经过中介连成一体",唐江澎就是一位"中介型"的教育家。按历史唯物主义的理解,这中介其实就是实践,因此也可以说,唐江澎是一位经验与思想兼具,能将思想化为实际,能够提出富于实践意义、实践价值与实践可能的教育家。他总是善于将先进的教育教学理念和自己的思考与基础教育的现实紧密结合起来。而且，这种结合不是哪一门、哪一科，而是全方位的。可以说，他是基础教育领域的"全科专家"。比如，任何基础教育岗位的从业者都可以从这本书中看到唐江澎高屋建瓴而又体贴入微的观点与建议。在《提升校长课程领导力的技术路径》中，他给了校长们整套的操作流程；在《如何提升学校中层执行的效能与温度？》中，他重新定义了学校中层，强调"追问"的意义，通过实例剖析和明确职分，描述了中层在场的工作场域，并对效能的评价提出了具体的要求；在《体悟，德育的路径》中，他将道德教育置换为"体悟教育"，将教师的耳提面命改成学生的真实情境，提出让学生在参与、经历、反思中自主获得道德认知；在《站立于教育家境界，做一位幸福的班主任》中，他以自己的亲身体会耐心而深情地对班主任们说要这样时时提醒自己："假如是我的孩子！假如我是孩子！"就这两种角色的假设足以让班主任在代入时给孩子充分的理解、温暖、祝福和帮助。当然，不管是对哪个岗位的建议，学生一直都是唐江澎的出发点。在我看来，《AI时代学生画像》是一本值得向学生推荐的读物。在《今天，我们一起毕业》《阅读人生的四条感悟》《带上惠山的两张名片》《母校，是心头永存的温暖》等文章中，那种对学生的一往情深，那种包含着理性、理解与理想的爱是唐老师、唐校长生命的确证，也是他在教育领域不断思考和探索的动力。

"好的教育"已经成为唐江澎教育话语的标识。好的教育是理想的教育，这种理想的提出显然是以不尽如人意的教育现实为对照的，这也是一个教育家发问的缘由。看得出，唐江澎的发问有时是尖锐的，有时是沉重的。面对中考，唐江澎问道，中考是分流还是分层？现在，中考竞争强于高考竞争，其压力传导一直蔓延到小学，我们怎么办？面对高考，唐江澎问道，我们是需要选拔高分的平庸者还是水平考试合格的创新人才？面对各级各类的"拔尖"人才教育,唐江澎一针见血地指出,"拔尖"不是"掐尖",更不是"圈养"……虽然有许多说不尽道不完的遗憾,但是,与那些高高挂起的教育评论者不同,唐江澎始终是在场的,他不是场外的看客,不是一味地表达不满,相反,是理解,是同情。不管是在锡山高中的过往,还是在港中(深)的现在,唐江澎一直都在教育的一线,他做调研,搞课题,参与各级教育决策咨询,与所有的教育参与者和衷共济、朋心合力。他对学生期许的"四者"中有责任担当者、问题解决者,唐江澎可以说是身体力行。我们不能只止于发问和批判,更要给出方案。他历来主张"不能仅限于无休无止的坐而论道,更应该起而前行,做有理想、负责任的行动主义者"。他相信时间的力量,说要从今天做起,要久久为功,"不能期望每一次改革都惊天动地、每一次改革都手到病除。但未来就在我们面前,我们必须朝着正确的方向往前走"。所以,不管是《好的教育》前两本还是《AI时代学生画像》,在提出问题之后,都给出了一系列建立在实践、调查与科学论证基础上的实实在在的建议和措施。

　　需要特别指出唐江澎教育思想的中国性与时代性。他有许多的理想，这些理想是历史的、人类的、世界的和未来的，但这些理想实现的路线在他那儿一定是中国的、人民的和当下的。他时时强调中国的教育语境，强调教育的国家意志与国家使命，认同要办人民满意的教育。"既要保持朝着理想的方向行进，又要得到社会现实评价的认可。"于此中，可以看到一个教育家的明晰的价值、宽广的胸襟和深沉的情怀。所以，当一些学者面对AI或激进或悲观时，唐江澎明确地指出，当下适应AI发展的基础教育改革的所有技术路径都应该基于这样的现实：未来五年，班级授课制不可能颠覆性改变；以知识的掌握和运用为主、发展核心素养的教学内容取向不可能颠覆性改变；以纸质笔试为主的高考模式不会颠覆性改变。于此一例即可见出一位教育问题解决者的务实与智慧。

到了点出本书文体特色的时候了。与其说这本书是写出来的，不如说这本书是"说"出来的，它的全部内容都来自唐江澎的教育现场，来自不同现场的演讲、讨论和问答。我们讲唐江澎始终在教育的现场，始终是一位行动主义者，大概没有什么比这本书的文体更能说明这一点了。唐江澎编写苏教版高中语文教材时，他领衔的板块中就有演讲这一内容，那个板块中收录的文体正是这本书的文体。作为一个语文人，唐江澎格外重视"说"，不仅因为"说"是他职业生涯的主要行为方式，更在于他对"说"有着深刻理解。在人类文明史上，言说要比书写久远得多。因为"说"，人们才有交流；因为"说"，才会形成"活"的人际社会；因为"说"，人们减少了许多的交际成本。谈到中介，"说"是交往中最重要的中介，也是一个人能力展现的中介。在"说"之前，是生活，是研究，是经验的积累，是言语能力的养成；在"说"之中，是观察，是倾听，是随机应变，是互动，是一个人身体、情感等综合素养的全部发挥；在"说"之后，是文字，是反思，是验证，是实践。因为"说"，言说者成为面对面真实的存在。笛卡尔说"我思故我在"，我们也可以说"我说故我在"。"语言是思想的直接现实"，也可以说"言说是一个人全部的直接现实"。每一个听过唐江澎演讲的人，每一个与唐江澎交谈过的人，都会为之感动、被他折服，那是强大的逻辑力量，是不可拒绝的感染力和亲和力，是一种此时与他同在的共情感和同理心。他的演讲是他长线积累后的即兴发挥，从不做书面置换口语式呆板的"转译"，更不去做表演式的为情造文的煽情。唐江澎说："任何一次成功的演讲，都必须用最精炼的语言把思考成熟的事物表达出来，传播开去。"本书可以作为典范。

唐江澎在江苏省锡中教育集团总校长聘任仪式上的即席演说中引用了埃里希·弗罗姆的话，"被需要的感觉是幸福的重要源泉"，回顾了自己从不被需要到被需要的人生，以此感念生活。当唐江澎从他的角度述说自己被需要时,不正是我们在说需要他吗?

相信读完《AI时代学生画像》后,人们一定会再次说,我们需要唐江澎!

汪　政

2025 年 10 月 8 日

目录

1　走向 AI 时代

003　AI 时代学生画像

015　教育已经撞向 AI "冰山",学校怎么办?

031　说说 AI 与基础教育变革的路径

046　面对 AI,在把握"确定性"中探索"可变性"

063　AI 时代,我怀念那片小黑板

2　在追问中求解

071　好的教育虽然"慢",但值得期待

080　学校教育改革创新,难在哪里?

091　应试教育的问题主要源于"试"的导向

096　今天的中考为何而考?

102　"拔尖"不是"掐尖"不是"圈养",现实"堵点"在哪里?

112　超越争论,做负责任的行动者

3　即席感怀

123　"被需要"是一种幸福,一种责任

131　今天,我们一起毕业

140　永怀感恩

146　阅读人生的四条感悟

152　带上惠山的两张名片

163　母校，是心头永存的温暖

168　教育人的"精神语境"

173　此时，被什么力量感动？

4　教育领导的境界

183　站立于教育家境界，做一位幸福的班主任

200　如何提升学校中层执行的效能与温度？

214　提升校长课程领导力的技术路径

229　让我们重回大学

237　体悟，德育的路径

5　对谈·洞见

243　《半月谈》专访 | 避免 AI 成为应试"利器"

253　《焦点访谈》专访 | 健全公平入学的长效机制

256　学术沙龙 | 智能时代"数理化"课程往何处去?

274　课堂对话 | 钱学森小时候补课、上培训班吗?

285　后记

1

走向 AI 时代

未来，猝不及防地到来，
正注视着我们的改变。

AI时代学生画像[①]

大家新年好!

站在跨年的时间节点上,想以"学生的时代画像"为题,做一个简单梳理与讨论,回首过往、眺望未来。

每个时代都有每个时代的"学生画像",这种画像既表达在国家教育政策的文本里,定义人才规格,明晰培养目标,回答关于"培养什么人"这一

[①] 2024年12月31日,在上海科技馆、腾讯公益慈善基金会主办的科学新年大会暨腾讯科技之夜上,应邀作跨年演说。《中国教育报》节选了部分演说内容以《AI时代的学生应该是什么样》为题发表,"学习强国""光明网""网易新闻""搜狐新闻"先后转发。后又应邀在多个场合作同题演说,收入本书的文稿根据多份录音整理。

根本问题；也常见于民间百姓的教育流行语中，表达着家长要把孩子培养成什么人的愿望期待，描摹着孩子未来的精神长相。

从社会学角度看，我更倾向于赞同这样的观点：教育流行语可能是一个时代发生实际影响的教育理念，是切实推动教育选择的价值判断。常挂在嘴边，传达着对教育观念的广泛共识；又发自心底，表现出对教育行为的深层理解。

惠特曼有句诗，"时代啊，从你深不可测的海洋升起"。梳理一下，"耕读传家"是农耕时代的教育流行语，人们认定耕作技能与读书本领是未来家族成员能绵延赓续使香火不断的关键品质，孩子未来无论下田务农还是入仕为官，都要以此打下根基，终不能两头无着落，塑造出遭人耻笑的孔乙己形象。

后来很长一段时间，流行"学好数理化，走遍天下都不怕"的说法，表明中国已进入了工业时代。人们认定只要学好自然科学基础学科知识，就可以持有通往未来社会的"护照",就有了适应未来所有职场——"走遍天下"的核心技能。那个时代给学生未来的画像,应该归入科学、技术等领域的专门人才那一类。

时代在发展,只是"学好数理化",难免重理轻文、知识面单一,无法以融通的思维面对综合的世界,这样的人难以"走遍天下"。于是,"文理融通、综合全面"的人才规格呼之而出。

高考改革引领教育变革。20多年来从"3+大综合"到"3+文综/理综",从"3+X"到"3+1+2",变的是组合科目,不变的是语数外三门主课崇高地位的不断确立和对"复合型人才"形象塑造的全面追求。这一时期的教育流行语,先是"得双语者得天下",后是"数学为王",最终"全科优秀"成为人们对学生形象的普遍期待:不偏科,无短板,而且最好精通琴棋、擅长书画。

这里似乎有一个问题值得讨论。从国家课程标准的角度看,学生通过了必修课程会考,成绩合格,就应该认定已经达到"不偏科、无短板"的要求了。如果高考再考同样的语数外,把本来国家课程方案中的选择性科目要求变成必修的共同性要求,这一定合理吗?这种选拔导向,一定能培养出我们期待的"文理融通、综合全面"的创新性、复合型人才吗?

以数学为例。人人都考同样的数学,如果试题不难就没有区分度,不利于顶尖大学选拔;试题过难,又制造出许多学生的"数学噩梦"。国际数学界倡导的基本理念是"人人学有用的数学",而不是"人人学同样的数学"。

我国高中数学教学的平均难度过高,导致许多学生学习困难;而最高难度又远低于国际高度,数学拔尖人才的培养似乎要靠大办"丘班"来补充支撑。这也多少从旁说明,这种一刀切、同一化的要求,确实面临着"低不就、高难成"的尴尬。

我们期待高考模式进行改革,形成侧重各科合格基础上扬长选拔的评价体系,引导学生发展兴趣、培植爱好、形成特长,而不是像现在这样:考取北大中文系的学生,一定拼的是数学成绩优异;考取清华数学系的学生拼的又是双语卓越。

这样的选拔导向,不是比哪个学生有特长,而是比哪个孩子无"特短";不是比哪个学生有兴趣,而是比哪个孩子能苦学。"全面发展"的追求演化为"全科优异"的苛求,爱好学习的习惯养成让位于功利目标的强制驱动。

的确,学生学习是要付出努力的,是要吃苦的,但让青春生命承受这么多无意义之重有价值、有意义吗?顾明远先生说,"没有兴趣就没有学习"。但在许多人的认识里,"兴趣"常常被限定在那些直接与考试相关的科目之中;许多时候,学习也是因为考试驱动或者是靠对不学习所导致结果的恐惧来驱动,而并非兴趣驱动。爱因斯坦指出,"负担过重必导致肤浅。教育应当使所提供的东西让学生作为一种宝贵的礼物来领受,而不是作为一种艰苦的任务要他去负担"。

我们应该明白:

"全科优秀"的知识追求、负担沉重的应试驱动学习，只可能培养出全面平庸的"优秀解题者"，不会培养出有浓厚兴趣、痴迷爱好、恒久专注的拔尖创新人才！

对"全科优秀"的不恰当追求，也导致"不要输在起跑线上"教育流行语传播。我在不同城市演讲，对着不同听众，曾多次做同样的现场调查。问："不要输在起跑线上"的"起跑线"，大家认为是指教育的哪个时间点？是高一吗？无人同意。是初一吗？还是无人同意。是小学一年级吗？依旧无人同意。那是上幼儿园吗？终于有人回答："晚了吧。"每次问到这里，会场总是一片感慨。教育的起跑线究竟在何处？难道真如有人调侃的"千里之行，始于胎教"吗？这样的教育认知，使教育方向发生严重偏斜，也加剧了家长对孩子未来社会身份的焦虑，让孩子早学、多学、样样学好就成为这个时代群体性的教育选择，弥漫为一场全民加入的教育内卷。

内卷的结果，是全面奠定孩子未来优秀人格的基石被动摇甚至被销蚀，是一些闪烁着真理光芒的教育常识被漠视甚至被遗忘。

比如，"健康第一"是常识。如果孩子长期睡眠不足、运动不足，哪来身体健康、心理健康？"真正的幸福建立在美德之上"是常识。如果不培养孩子的感恩心、利他性、责任感，他们怎能拥有一生的幸福能力？"教育的全部目的是培养活跃的智慧"也是常识。如果学习就是死记硬背，不思考体悟，不探索创造，孩子将来怎么驾驭强大的人工智能？"艺术发展想象力"还是常识。如果缺少感性素养，我们如何让学生富有激情，富有想象？

未来社会具有不确定性，持什么样的"护照"可以抵达未来似乎也有不确定性。那么，AI 时代的学生形象到底应该是什么模样？这是一个教育之问，更是一个时代之问。

联合国教科文组织发布的《学生人工智能能力框架》、教育部印发的《关于加强中小学人工智能教育的通知》，以及许多专家学者都给出了回答，如申继亮教授给出的"画像"就是"意义感""想象力""适应性"。这很重要，但更重要的是每个人自己心底的回答。

我的理解是，AI时代是一个机器不断高级化、达到智能化的时代。当机器会学习、会思考、会行动，被不断放大，并站立于人的面前时，人如果想要不被矮化、不被弱化，永远挺膺站立在AI的前面，永远做AI的主人，就要不断放大强化"大写的人"。

"大写的人"拥有优秀人格。涵育优秀人格一定不是训练注定会被AI替代的知识技能，而是着力发展人的高贵品性，比如善良与爱、悲悯与仁慈、勇敢与坚毅、同理心、责任感、想象力等。在AI面前，刷题训练得来的"一技之长"很容易被替代，而立德树人涵养的优秀人格将会站立不倒。他们有理想，有人类意识、家国情怀与社会责任感；他们有本领，能驾驭AI创制和应用，善于交流沟通，有创新能力；他们有担当，能够恪守AI伦理，善于管控风险，领导团队，能挑起家庭、国家、人类的担子。

如果要在心底给他们画像，我会这样叙述：

他们应该是终身运动者，拥有健康的体魄。珍爱生命，热爱运动，对自己的身体有足够自信，充满活力，阳光开朗，积极向上，相信每一个明天比今天更美好。

他们应该是责任担当者，拥有高尚的品格。立身善良，心怀感恩，追求理想，包容大度，做人有尊严，做事守底线。热心公益，心系国家，胸怀天下，能担当起未来家庭、职业、社会三种角色的责任。

他们应该是问题解决者，拥有创造的本领。终身学习，独立思考，崇尚科学，热爱劳动，勇于实践，善于创造，保持好奇心，富有想象力。一事当前，不是一筹莫展的旁观者，不是怨天尤人的抱怨者，而是能用智慧解决问题的行动者。

他们应该是优雅生活者，拥有审美的素养。以敏锐的感知去发现美、体验美、创造美，热情大方、幽默豁达、从容优雅，追求高雅的精神生活，善于管理自我情绪，能够欣赏他人的卓越，给社会带来温暖、和谐、快乐与美感。

我们可以这样想象勾勒、描摹未来学生的形象，也可以从眼前现实出发，推想孩子教育方式应有的变化：他们或许不能不背古诗，但一定不需要为应付考试，背那么多诗文名句；他们或许不能不做题，但一定不需要为提高运算的速度与准确度而刷成千上万道题。他们不用再考那么多级、拿那么多证，只需要对艺术葆有激情与热爱；他们不需要戴着厚厚的眼镜在教室里度过那么长时间，操场、田野、博物馆都是他们成长的课堂；他们可以不科科优秀，甚至有学科短板，但他们一定有专注、痴迷甚至为之疯狂的爱好，以特长标注人生与事业的高度。

前些时间去OECD（经济合作与发展组织）巴黎总部，也听见一个有意思的讨论：如果2029年的PISA（国际学生评估项目）考试允许学生带AI工具，考试测评将会发生怎样的改变？

我们也可以追问教育面对 AI 时代需要发生的变化：

现在我们的基本态度是，防止学生使用 AI 完成作业。面对生成式人工智能工具迅速迭代升级、推广应用的浪潮，我们的严防与死守还能坚持多长时间？

到 2025 年以后的寒暑假，如果从小学到高中的作业形式还不改变，我们又怎样保证学生不用 AI 冲浪"题海"？传统作业价值何在？

如果允许语音转换文字，小学低年级孩子在手指发育未成熟时，还需要书写那么多书面作业吗？

如果高考也允许学生使用 AI，我们今天的哪些学习方式会变得毫无价值？

AI 时代，变化的速度大大超出我们的想象，这些追问变成我们眼前的现实不会遥远。

我们每个人，都需要从心底推想这种变化并用自己的语言叙述这种变化，汇成我们这个时代的教育流行语，凝聚共识，汇聚变革的推动力量，让今天的教育开始刻画站立于 AI 时代的学生形象，培育出能够担当民族复兴大任的时代新人！

这样的叙述与表达很有价值，正如剑桥大学国王学院大草坪上的一句标语：

WE CAN CHANGE THE NARRATIVE!

我们能够改变叙事！

教育已经撞向 AI "冰山",学校怎么办?[1]

DeepSeek 与"巳巳如意"的祝福声一道开启了新春新岁,开启了 AI 算法变革元年。对于许多教育人来说,仅一个多月的时间,DeepSeek 就从陌生的面孔变成了身边的常客,成为我们教育生活的"在场者"——无法回避,也很难斥拒。关于 AI 的新奇短视频排浪般涌向手机屏幕,冲击拍打着人们的思考:在既有教育逻辑上负重前行的我们是否已面临急切的转轨?通往前方的路是否已经有迹可循?

---

[1] 2025 年 2 月 10 日,应西安高新第一中学邀请,在集团校长研讨会上作了《关于 DeepSeek 与教育的几点思考》的即席演说。现场录音经整理后刊发于《中国基础教育》2025 年第 3 期,《中国教师报》、"搜狐教育""中国创新教育"等转发。收入本书时有删改。

这些日子里，我接触了一些 AI 行业的专家，听到了一些有关 AI 与教育的独到看法，其中有三个比喻发人深省，分享出来与大家共同探讨。

比喻一：当下讨论 DeepSeek 有什么害处，就像电发明之初争议"会不会电死人"一样。

任何新兴事物总是有利有弊。当人们热衷于展示 DeepSeek 强大的功能与无限广阔的应用前景时，我们似乎也应该以辩证的思维，冷静地分析其可能的风险与潜在的危害。

我带着这样的理性思考曾与一位院士探讨，他意味深长地看我一眼，风轻云淡地说："人类历史总是如此，当年电发明的时候也有激烈争议，甚至一些名人也卷入其中。到今天，用电依然会发生电死人的事故，但人们还会像当初那样争议用不用电吗？"

这的确提醒我们，要改变看问题的思维方式，全面的正确可能导致全面的无用。一分为二的确是永恒真理，但更重要的是在现实面前做出二者择一的路径选择。我们既要有两点论也要有重点论，我们的思维总要引领视线投向前方。当下对 AI 的发展，是着眼于"用"还是着眼于"防"？时代的潮流似乎并没有给我们多少寻找万全之策的机会。好在有 DeepSeek，可以让其检索用电之初的历史掌故，鉴往知来，以使我们不再重蹈历史的覆辙。

用 DeepSeek 检索出这样一些信息，大家看看：

● 爱迪生为证明直流电的优越性，打压交流电，曾用"交流电电死大象"等公关手段制造公众恐慌。直到特斯拉与威斯汀豪斯 1895 年合作开发了尼亚加拉水电站，交流电实用化后才全面推开，争议不再。

● 早期电力线路因使用裸露铜线或仅使用简陋的绝缘材料，导致触电事故频发。据 1888 年《泰晤士报》报道，伦敦东区居民就曾联名抗议安装电力路灯，并说其"影响市容"，迫使市政调整线路。到 20 世纪初，确立电气安全标准后才建立起用电规范。

● 18世纪的电疗仪器（如莱顿瓶）用于治疗癫痫、瘫痪等疾病，因缺少科学验证，曾被斥为"江湖骗术"。

● 电气化导致传统蒸汽动力行业工人失业，曾引发多次罢工浪潮，甚至出现了卢德主义（Luddism）反技术运动，号召人们通过破坏机器来保护传统手工业。当时有一句影响很大的口号："机器是穷人的敌人！"

说实话，看着这些史料，真是感慨良多。技术的每一次进步都伴随着巨大争议，而争议又助推了技术进步。比如，人类很快就发明了橡胶与铅包电缆，解决了电线安全问题，到20世纪初，城市路灯电缆地下管道化已经成为主流。同时，历史也让我们认识到，处在历史节点上的人们，要敏锐地把握事物发展趋势，超越争议，聚焦问题解决，利用技术创造美好未来。回到当下的教育场景，我们也应在对未来教育的美好想象中谋划教育未来。基于这样的认识，曾尝试引导 DeepSeek 参与探讨，最终对"比喻一"形成这样几点认识。

第一，正如 19 世纪电力的普及彻底重塑了人类文明，AI 正以相似的历史性力量推动社会进入全新纪元。ChatGPT 之父、OpenAI 首席执行官萨姆·奥尔特曼认为，通用人工智能（AGI）是人类共同构建的进步阶梯中的又一个工具。比尔·盖茨则将 AI 革命类比为"图形用户界面"（GUI），认为它将像个人计算机一样，深刻影响医疗诊断、教育公平等各个领域，"世界需要确保每个人都能从 AI 技术进步中受益"。吴恩达则预言："AI 如同电力般'隐形化'，未来人们不会专门讨论 AI 产品，因为所有工具都内嵌智能。"AI 不仅是技术迭代，更是文明层级的跃迁——它或将如电灯驱散黑暗一般，以指数级算力与认知突破，照亮人类探索未知的新航道。

第二，当前对 AI 的讨论应超越"风险焦虑"，聚焦其赋能千行百业释放的"AI 红利"。2017 年国务院印发的《新一代人工智能发展规划》明确提出"加快人工智能深度应用"。时任科技部部长王志刚在长城工程科技会议 2023 年"人工智能赋能高质量发展"主题大会上强调,人工智能是引领新一轮科技革命和产业变革的战略科技。AI 不是替代人类的对手,而是拓展能力的助手。电力革命曾引发的疑虑终成文明基石,我们应坚持"需求牵引",将 AI 转化为高质量发展新质生产力的核心引擎。

第三,纵观人类教育史,从口传心授到数字革命,AI 正催生教育范式的第三次跃迁。袁振国教授有精辟的概括:"三千年前学校诞生,开始了人类有目的、有计划、有组织的文明传承;三百年前现代教育制度诞生,开始了人类大规模标准化的教育;今天数字教育诞生,开启了人类大规模个性化教育的序幕。"AI 学伴犹如良师如影随形,个性化设计会让课程因人而异,AI 使教育真正有可能俯下身来为人的成长服务。

比喻二：辛苦学习了 12 年，如同通过了"科目一""科目二""科目三"无数次考试，终于拿到了"驾照"，而 AI 告诉我，未来是人工智能驾驶时代。

这的确是个精妙的比喻！很多人都有参加中高考与考驾驶证的经历、体验，熟悉两种考试的主要内容与考试方式，了解应对考试的学习方式与基本套路。两相对比，我们更容易发现传统教育在 AI 时代所存在的问题。

我们来看，"科目一"是理论考试，主要考查交通法规、信号标志、安全常识等，采用计算机答题。考生甚至不用看书，不用掌握体系化的交通知识，只要坚持刷题，坚持做许多套模拟试卷，并借助数字技术赋能，多做自己的错题，只要记得住、记得牢，用不了多长时间就可以考取 90 分以上，通过"科目一"考试。

"科目二"是场地驾驶，考核基础操作技能，包括倒车入库、侧方位停车、坡道定点停车与起步、直角转弯、曲线行驶等，考生需不断实地练习才能完成指定项目。"科目二"要求考生自己开车并勤练，其诀窍如同卖油翁所言"无他，但手熟尔"，直到得分不低于 80 分才算合格。

"科目三"是路考，考查真实道路情境下的驾驶能力与素养，看灯光如何使用，如何变道、靠边停车，如何临机处置，以及作为交通参与者的生命意识、驾驶道德。早先是由考官主观评定，后来用电子系统评价确保公平性。通过"科目三"的关键是多上路、多实践。

其实，以考驾照对比教育，多年前崔允漷教授谈课程改革时，就有精妙的论述。他说，驾照考试"科目一"的"交规"属于知识，"科目二"的"倒车入库"等属于技能，"科目三"的"路考"属于能力。考取了驾照不能说就习得了驾车的核心素养。我们不仅要会开车（关键能力），还要学会文明行车（必备品格），更重要的是尊重生命（价值观念）。但令人尴尬的是，驾照的考核方式似乎比中高考的考核方式更丰富、更多样，既关注了知识、技能与素养，又运用了笔试、操作、路考等多种考试方式，不是"一考定终身"，也不是答题比高下。对比驾照学习考试模式，当前的学习与评价体系是否更像把"科目二""科目三"的内容都变成"科目一"来学习、应试？

以语文学科为例，语文学科核心素养不应只是学生"一时记得住"的知识，而应是"一生带得走"的能力，是"驱车驰骋、车行天下"的本领。在我看来，就是"眼上"的能力，即以广泛阅读养成的审辨鉴赏力；就是"手上"的能力，即以写作实践练就的文字表达力；就是"口上"的能力，即以口语交流培养的沟通交际力。问题是，我们的教学与考试在多大程度上重视这些素养的培养与评价？语文学习是综合性、实践性活动，要在"下场地""上道路"中历练，但现在很多时候是在用"科目一"的方式做题训练。例如：阅读是个人体验与文本期待相互碰撞、建构意义的过程，是读者与作者心灵对话的过程,如果变成做题目、确认标准答案的过程,那么这种训练在多大程度上有助于阅读人格的建立、阅读品位的提升?

再以动手实践为例。大约有超过三分之一的学生高中毕业后会选择进工科院校深造,但他们在漫长的 12 年基础教育阶段,有多少机会接触简单的动手制作制造课程?CDIO(Conceive 构思,Design 设计,Implement 实施,Operate 运作)这一套广泛应用于国内外高校的以工程实践为中心的教育模式,强调从理论到实践"闭环"的工程志向、工程思维、工程能力的培养体系,有多少出现在我们的中小学课堂?如果我们还是用"科目一"的刷题方式,连"科目二"的场地实践都没有,那么如何培养学生解决问题、实践创造的能力?

说到底,我们的教学需要转型,不仅要从"知识本位"走向"素养发展",更关键的是变革评价方式,从"知识立意"走向"素养评价"。变革不是不要高考,而是要探讨如何利用人工智能,改革

考查方式：单一的纸笔考试很难考查实践技能与综合素养，我们是否也需要"笔试＋操作＋面试"？以刷题的方式选人，只能选出"解题高手"，很难选出"问题解决者"；以总分相加的模式选人，只能选出学业成绩的全科优秀者，不利于培养兴趣专注的痴迷创造者。

但以上讨论并不是"比喻二"寓意的重点，"比喻二"的担忧在于传统学习获得的一技之长，在 AI 时代将成为"屠龙之技"。这样的担心不无道理。无人驾驶在当下已经没有技术障碍，在未来可能就不再需要驾照，人们也不会亲自驾车上路了。到那时，坐在车上看来来往往的驾照持有者，不妨想一想，你所经历的"科目一""科目二""科目三"学习与考试，哪些其实毫无价值？哪些也许依然有用？我想，被 AI 作废的除了一纸证照，就是那一大堆靠死记硬背获得的知识。但驾驶实践形成的动作协调性、应变机敏性等，是永远沉淀在驾驶者身上的"核心素养"，不会无用。

前些日子参加香港中文大学（深圳）组织的 AI 赋能行政管理培训，教授们讲 GTP-4.0、DeepSeek-R1 如何使用时，都提到了一项核心技能，即设计"提示词"。提示词（Prompt）是用户输入给 AI 系统的指令或者信息，用于引导 AI 生成特定的内容或执行特定的任务。简单说来，提示词就是我们与 AI 对话时所使用的语言，可以是一个简单的问题、一段详细的指令，也可以是复杂的任务描述。设计提示词，要注意有清晰的指令、相关的背景信息和明确的输出期望，有一套输出格式。提示词的设计有六大原则：准确（Accurate）、具体（Specific）、简洁（Concise）、避免模糊歧义（Avoid Ambiguity）、恰当引导（Effectively Guidance）、结构化（Structured）。听着课，我真有点儿恍惚，如果不是那一串英文单词，觉得简直就是置身语文课堂，听老师讲高考语言运用题了。多年来，高考语言运用试题也是一直扣紧"简明""连贯""得体"原则命制，简明就包括简（简洁、准确）、明

（无歧义）的要求。再听下去，提示词的常见结构之一"CO-STAR"结构，也与高考语言表达"得体"的要求完全一致。"CO-STAR"结构要求是：上下文（Context），目标（Objective），风格（Style），语气（Tone），受众（Audience），回应（Response）；高考对"得体"表达要求是：场合，目的，方式，对象，身份。

如有兴趣，我们无妨借助 DeepSeek 体验一下高考题命制：一是确定一个话题，按场合、目的、方式、对象、身份设定提示词，就可以生成一道不错的作文题；二是以 AI 提示词设计为情境，编拟一道高考语言运用题，这样的题目或许很快会出现在试卷中。我们有了这样的体验，可能会减少一些忧虑，也会更认同这样的观点：通过各种学习所发展的人的核心素养，一定会帮助人更好地使用 AI。

比喻三：AI 的"冰山"已经撞向"泰坦尼克号"

这是一位 AI 专家的比喻，原话用的是"撞上"，语气冷冷的，而我们像是船上依旧忙于工作的船员或是悠然观景的乘客，浑然不知将来的命运。

这个冷峻的比喻很难解读，我们可以设计提示词，让 DeepSeek 尝试回答。

DeepSeek 给出了这样的回答：

一是要发现传统教育体系的"船体漏洞"。如知识权威瓦解，AI 能瞬时调用全人类知识库，教师知识传授者角色被削弱，单向灌输式课堂吸引力下降。又如评价标准失灵，标准化考试（如选择题、记忆题）无法区分"人类原创"与"AI 代劳"，学术诚信与能力评估体系遭遇挑战。再如技能培养滞后，传统课程重知识、轻能力，而 AI 时代需强化批判性思维、复杂问题解决能力等"高人性化技能"。

二是要关注 AI "冰山"显露的教育"新大陆"。如开展个性化学习革命，AI 学情分析引擎可实时诊断学生认知盲区；拥有无边界教育资源，名校课程经 AI 翻译、适配后,通过慕课(MOOC)让优质教育惠及偏远地区,打破地理与经济壁垒;促使教师角色升级,从"讲台上的圣人"转为"身边的向导",聚焦情感支持、价值观塑造与创新协作。

三是积极打造教育转型的"救生艇"。如课程重构,增设"AI 素养课",将 AI 工具深度嵌入学科教学;强化"反 AI 能力",用手写思维导图、无网络支持辩论赛等训练,防止过度依赖技术导致认知退化;更重要的是评价体系革新,如采用过程性评估等替代单一考试。

2025 年 2 月 28 日,经济合作与发展组织发布《面向未来的数学课程:赋能 21 世纪学习者》,文件指出,过去 25 年,数学课程经历了从传统内容(如算术、几何和代数)向更注重数学素养与推理的转变,统计和数据素养的重要性也显著提升,且在较低年级开始引入。文件提出了三点建议:一是利用 GeoGebra、Desmos 和 TinkerPlots 等数字工具将几何、概率和数据分析等抽象主题变得具体且相关,增强学习的吸引力与互动性;二是利用生成式AI自适应技术,识别个体学习差距并提供针对性练习,从而实现个性化学习;三是利用数字工具最大化整合资源,为教师提供专业支持。

这样看来,AI"撞击"教育,并非摧毁教育,而是倒逼其从"工业化流水线"转向"生态化成长系统"。在这场变革中,真正的危险不是AI本身,而是"沿用旧地图驶向新大陆的船只"。

有近40年人工智能研究经验的徐扬生院士的一些观点,正好可以回答上面的一些问题:其一,人工智能是向后看的,它依赖于已有的数据,而人类的智慧是向前看的,具有无限的创造力;其二,人类不应放弃思考与体验,如同发明汽车后仍需走路,文明的传承在于实践与感悟;其三,AI无法替代人类的创造力、艺术涵养及坚毅品格,这些才是教育应强化的核心素养。

说说 AI 与基础教育变革的路径[①]

今天我们在神仙湖畔聚会，恰与一个重要的日子相遇——2022 年 11 月 30 日 ChatGPT 横空出世，至今天一周年了！2023 年，可以说是 ChatGPT 元年，相关研究随之而兴。截至 2023 年底，中国知网数据库中可检索相关学术论文已达 836 篇。相比之下，专门研究"ChatGPT 与基础教育变革"的文章较少，基础教育界参与各大论坛发出的声音相对较小，探索实践也刚刚起步。为此，香港中文大学

---

① 2023 年 12 月 2 日，香港中文大学（深圳）当代教育研究所举办"神仙湖教育论坛"，应邀在论坛上作学术总结。报告内容经团队整理刊发于《中国基础教育》2024 年第 2 期，收入本书时有删改。

（深圳）当代教育研究所举办了这届"神仙湖教育论坛"，聚焦"ChatGPT与基础教育变革"相关话题，邀请到海内外名家大师，希望为基础教育领域一线工作者提供最新研究信息，让我们了解当前关于ChatGPT的重要共识、主张和原则，把握方向，自信而理性地应用生成式人工智能，在实践层面切实推动教育变革。

下面，结合我们项目组的研究与今天论坛的内容，作一个总结。在此要特别感谢AI办公本强大的录音转译、记录整理功能，没有AI助力，我很难完成这次总结。

一、ChatGPT产生教育影响的初步共识

简单介绍下，"GPT"为英文"Generative Pre-trained Transformer"的首字母缩写，意为"生成式预训练转换器"。在所有解释中，我以为慕尼黑工业大学荣休教授克劳斯·迈因策尔的定义简单而明确：总的来说，ChatGPT不过是一台通过

模式识别算法重新组合和重新配置数据、文本、图像和口语的随机性的机器。然而,由于现代计算机技术可以存储大量数据并应用快速学习算法,因此产生了大量能够模拟人类背景知识和直觉的惊人输出结果。最新发布的 ChatGPT 版本已经从无法提供实时信息发展为可以解决实时问题,从难以解决数理问题发展为可以进行逻辑推理,从无法给出创意回答发展为可以完成创意写作,展现出巨大的潜力。

ChatGPT 以"全知"形象面世,极大地颠覆了教育界关于"教什么、谁来教以及如何教"的认知。正因如此,有学者描述:在这波以 ChatGPT 为代表的人工智能冲击下,教育将迎来比以往任何时候都大的变革。

1. 数字化转型,是人才培养变革的基石。

在考察 ChatGPT 对教育的影响时,最为重要的是基于其对整个社会的影响,反思由此带来的社会人才需求的改变,进而对人才培养目标加以重新审视，促进教学模式和学习方式的变革，推动教育的数字化转型。同时，学者们也提醒，提升未来人才数字素养的有效方法，不是在不堪重负的课程表中新增一门课程，而是要像16世纪的教育改革家拉米斯那样，对原有的"技艺"类课程——包括语文、外语、数学、绘画、音乐、信息技术、人工智能等进行一系列整合和调整，形成一套适合时代发展要求的素养课程。

2. 人机协同，是基础教育样态变革的新动力。

多数学者对在课堂教学实践中推进以ChatGPT为基础的人机协同持积极态度，他们认为这不仅有助于激发学生的学习兴趣，更有利于培养学生自主学习和合作探究的意识，使他们更好地适应未来社会的发展需求。

也有学者指出，教育改革的核心在人。李政涛强调，通过ChatGPT为基础的人机协同来推动教育样态变革，教师必须在其中发挥主体作用，扭转长期以来基础教育对于技术变革习惯性的"被动式应答",主动思考 ChatGPT 如何产生教育效能、发挥育人功效。以需求牵引,以应用为要,建构一种"共鸣"关系。

3. 伦理风险,是无法回避的管控责任。

大多数学者也提醒使用者,应清醒地认识到人工智能目前还存在很大的局限性。从机器角度来看,ChatGPT 生成内容的"黑箱"运作,使得使用者难以了解其回答是如何生成的,增加了信息的不确定性,从而引发潜在的误导风险。

从使用者角度来看,ChatGPT 可能被恶意利用,带来违反学术伦理道德、混淆研究价值立场等问题,尤其是可能会造成较为严重的安全隐患。有学者指出,ChatGPT 的不恰当运用有可能对使用者的心理和思维能力培养产生负面影响。以学生滥用 ChatGPT 应付作业为例,ChatGPT 的实时反馈机制纵容了学生的怠惰心理,学校通过布置作业来锻炼学生问题解决能力的用意也被消解。

因此,必须始终坚持以人为本、科技向善的原则,重视学生主体责任的培养,在技术背景下重新思考学术规范、伦理制度及管理制度,确保人工智能可以在技术和人性的有限范围内得到最恰当的应用,帮助人类构建起健康、可靠的教育环境。

二、ChatGPT 推动基础教育变革的核心路径

1. 变革教育理念。

当前,我国基础教育仍过多地强调对"知识掌握程度"的考查,就此而言,机器学习有望将学生从机械记忆和知识的单纯累积的重负下解放出来。但研究者也担忧,这种解放会不会反过来"撤去梯子",让未来一代丧失逐级攀登的耐心和可能?当人类不再需要记忆电话号码之后,就会真的记不住一连串的电话号码了。同样,当人类可以便捷地从机器中调取知识,我们在多大程度上会远离经典文本、远离文明的源头?

但更多的研究者认为,ChatGPT 的出现可能深刻影响教育理念的迭代升级,促使教育从传统的

知识传授向更加注重学生实践能力、批判性思维、合作与交流等综合素养培养的方向迈进，使教育理念更加符合当今社会和未来发展的需求。朱永新、杨帆等认为"在人工智能的介入之下，过去人与机器二元对立的替代思维正在转向人机协同的共生思维，我们要在迈向人机共教的进程中创造人类文明新形态"。

2. 更新人才标准。

ChatGPT 的出现可能引发人才培养标准的更新。刚才在"神仙湖教育论坛"上，徐扬生院士演讲指出，为培养面向未来的人才，教育需要作出相应的调整：加强表达、群处、领导力的训练；加强对自学能力、思辨能力和独立工作能力的培养；加强对社会实践和心理素质的训练；提高外语能力，广泛了解世界；加强艺术教育，提高艺术涵养和想象力；减少对重复性、知识性、记忆性内容的训练。雷纳托·奥佩蒂刚刚的演讲中也提到，面对人工智能的冲击，未来的教育必须帮助年轻一代习得独立思考的能力，具备批判性思维、前瞻性思维以及关爱他人的能力。此外，他认为需要同时从全球化、本土化两个角度重新审视课程和思考教育。

3. 推动育人场景方式迭代更新。

刚才焦建利教授总结了人工智能在教育领域的应用和数字化转型对学校教育场景的影响，认为人工智能技术（如智能导师系统）和 ChatGPT 已经开始在教育中发挥作用，提高了学习效率。他呼吁学校合理应用人工智能技术，拥抱技术变革。朱永新先生等认为，学校也将不再是由教师和学生组成的传统意义上的"孤岛"，而是依靠教师引导、学生自组织管理的运作模式，形成一个由网络和实体形式同时存在的、彼此连接的教育单位组成的"未来学习中心"。

4. 加速教师身份作用转型。

ChatGPT 在课堂的运用或令教师不再有底气称自己为"知识的已知者与传播者"，"把教书交给机器，把育人留给老师"在可见的将来或成为大概率事件。陈玉琨教授指出，教师作为人类文明的传承者，要尽全力捍卫好人类的尊严与价值；作为"人机协同"教学模式的协调者，更需要想象力而不是知识，需要善于观察学生，懂得学生情绪，在学生人格养成过程中，成为脱颖而出的"超级教师"。

在今天的论坛上，宋萑教授等分析了生成式人工智能对教师工作的影响，探讨了教学设计、学生个性化学习和教学评估等方面的变革和挑战，并提出了教师应对这些挑战的方法。他认为，应该以格特·比斯塔的"强式教育"和"弱式教育"概念为核心，注重教育的互动性、复杂性和创造性；教师应该站在"弱式教育"的理论立场去接受教育的开放性和非线性。

三、ChatGPT 在基础教育领域应用的重要原则

1. 坚持以人的成长规律为遵循。

我们在基础教育领域推广与应用 ChatGPT 的同时,还需要应对一些核心问题,如技术本身存在的问题、人与技术关系的问题等。一方面,ChatGPT 技术本身面临着生成的信息在某些领域可能存在误差或不适用于教育的问题,特别是在科学或历史等不断变化的学科领域,ChatGPT 的回答可能会渗透价值观和话语权,由于其训练的网络数据多来自单一国家,偏见性难以完全消除。基于这些隐忧,基础教育或许有为此加上"防火墙"的冲动,这无疑会阻碍创新。我们更应该期待在教师的引导下,学生经由工具的使用,产生批判性思维,将 ChatGPT 塑造为能够实现对话与提问(思辨)式教学行为的苏格拉底式导师形象。

另一方面,ChatGPT 面临着其与人类间关系如何定位的问题。虽然技术为教育带来了诸多便利和

进步，但值得思考的是，教育领域在应用与实践技术的过程中真的可以做到"为我所用"吗？

杨澄宇认为，回到人性本身、回到教育本身、回到学生成长规律本身应当是使用 ChatGPT 的重要原则。

坚持学生的成长规律，意味着基础教育要关注学生的"人工智能素养"。人工智能素养包含人工智能知识、人工智能情感、人工智能思维三个维度。它对学生的成长而言既是结果，也是过程和方法。这不仅限于 ChatGPT 对知识和技能的传授与探究，还包括情感的融入、品格的铸就和价值观的形成。在什么年龄段、如何引入 ChatGPT 技术更符合学生成长规律，更有助于其养成相关素养、促进其身心健康发展，还需要进一步深入研究。有位学者的忠告我们必须重视：无论网络教育和人工智能多么发达，都不能，也不应该让学生从小就接受在线教育。在人工智能时代，教育仍要遵循人的成长规律，让儿童有充分的时间感受大自然、感受人与人的关系，这种直接感受是人类创造力的源泉。

2. 坚持以提高育人质量为旨归。

教育工作者如何"应对"这种"育人"标准和场景的变化将成为亟须解决的问题。首先，必须积极拥抱标准的改变、场景的变化、教师身份与作用的迭代。积极拥抱新的技术是一件知易行难的事情，这不仅需要教师个人努力，还有赖于教育教研系统全方位的支持与引导。

其次，育人质量的提高不是建造空中楼阁，而要脚踏实地，基于现有的学校课程和学科教学。我们需要在现有课程的基础上，增加 ChatGPT 等大模型及相关技术的使用，从而有效地促进课程教学，使学生在悦纳新技术的同时不断提高相关素养，带动自身的全面发展。

再次，追求有意义的学习将成为学习者的首要价值取向。育人中回归个人意义的建构，可以在很大程度上抵消"知识"的生产将被人工智能取代的焦虑。因此，核心素养中的某些"关键能力"将变得格外重要，"学会对话""学会提问"将成为学生学习的必备能力。ChatGPT 的回答水平很大程度上取决于对话者的提问质量，如何提出高质量的问题，并能持续进行提问，且对答案保持批判态度，将成为学生的重要能力。

最后，育人质量提高的重要表现是培养出符合新的人才标准的学生，使其成长为"新人"。这样的学生必须是身心健康的。但在生成式人工智能长时间"陪伴"，学生长期"沉浸"式使用的情况下，是否会导致学生的健康发生变化？需不需要教师的干预与指引？需要的话又该如何干预？这些都需要学界密切关注。

3. 坚持以系统变革教育生态为途径。

学界对 ChatGPT 的探究应当从整体考量，思考"ChatGPT 怎样才能更好地赋能教育生态的整体改变？"这一大问题。应该适当从关注 ChatGPT 无限的可能性转向问题的另一面：什么是它在基础教育领域不可能完成的？之所以追问其"不可能"，是为了从另一面明晰人的无限"可能"。在此情况下,"本质研究""元研究"将会受到更多重视,如对学习本质、学科本质的研究。同时,应当持续追问人的"不可能性",使超越功利性、超越工具主义、超越人的异化成为可能,并使教育研究得到系统性推进。

与此同时,在实践领域,许多中小学校已经开始将人工智能纳入教育体系,积极探索 ChatGPT 应用于教育的新模式。有学者指出,ChatGPT 在学校不应该是被禁用,而应该是导向一个关键的批判性问题:在一个技术日新月异、工作条件快速变化的世界中,传统的考试是否仍然是跟得上时代的、合适的?在 2023 年 12 月举办的国家教育宏观政策论坛年会上,香港中文大学侯杰泰教授介绍 2029 年 PISA 考试面对 AI 的两难选择,也许很值得我们思考:选项一,容许学生用 AI,结果人人满分;选项二,不再举办 PISA 考试;选项三,容许学生用 AI,但考试题目做出重大改变。思考这个问题,不在于替 OECD 找到答案，重要的是迈出我们自己的实践探索的脚步。

我们必须全方位地考察教育生态的改变。例如：ChatGPT 等人工智能技术的推广使用一定程度上可以帮助部分教育欠发达地区弥补师资水平的不足，使学生能够更好地自主学习，主动融入世界。林小英提到，同样是使用互联网，不同阶层的孩子关注点完全不同。"现在的年轻人可以实现他们同世界的即时互联，但这并不意味着他们就有通向知识和机会的平等渠道。"同样，ChatGPT 等技术的大规模使用最终是缩小还是扩大了不同区域的教育差距，未来我们如何应对，仍需要科学慎重地考量。

面对 AI,在把握"确定性"中探索"可变性"①

今天大会上提及最多的词语是"未来"。我想,"未来"应该不是杰米·萨斯坎德在《算法的力量:人类如何共同生存?》里描述的那样:"它(未来)永远在等待,远离我们的视线,或潜伏在角落里,又或飘浮在前方的高处。它总是难以名状,让我们永远无法感到确定。"如果未来遥不可及,对我们从事基础教育的人来说,实在没有太多的意义——"一万年太久",我们想不出也说不清。今天谈论的"未来"应该是有确定时间长度的、可以抵达的

---

① 2024 年 10 月 26 日,应邀在中国民办教育协会举办的第六届国际特色学校行业年会上作主旨报告。报告内容经整理刊发于《基础教育课程》2025 年第 2 期,收入本书时有删改。

不远的前方。我们虽不一定看得真切,但未来总应该在我们的视线之内;我们虽不一定能明晰抵达的路径,但也应该可以把握大致的方向。唯其如此,我们才能既积极面对,不至于逡巡犹疑错失时机;又能理性应对,不至于盲动妄为误入歧途。

这里,还是以江苏省锡山高级中学(以下简称"锡山高中")为例,谈谈过去十年中探寻人工智能促进教育变革的历程,看看如何从对未来的想象起步,一步一步找到走向未来的路径。

2014年,还是在上海中美校长高峰论坛上,一段展示畅想"未来教室"场景的短视频,让我深受震撼。就在那个时刻,我看到思考了很长时间的"智慧课堂"的大致轮廓,也真切感受到,现代技术对于教育而言,不仅是赋能、助力,更有颠覆作用,它实现了一些传统教育场景根本没有办法实现的功能,并让人们看到"未来教室"的样态。

后来,我从华东师范大学范教授那里得到了17分钟的完整视频,真是如获至宝,回去后便领着团队开始一帧一帧地解读。我们要看看：这是一节什么样的课？教室里有什么设施？教师怎样教？学生如何学？如何评价？我们要分析视频展示的"未来教室"有什么直观的样态以及有哪些内隐的特质。

第一轮解读，按视频时间点解析，得到了36条信息。比如，它展示的是一个项目学习过程；学生人人都在使用平板电脑学习，教室用的是触摸屏，教师手持的平板电脑可以随时获取学生学习的证据；网上有丰富的课程资源，学生在远端也可以向教师请教，教师可以是"近在咫尺"的教师，也可以是"远在天涯"的工程师；学生可以进行虚拟的设计，可以把设计稿发送到3D教室打印，学校有专用的场馆支持学生将作业变成物化成果；学生还可以合作进行工程实验，最后师生为共同完成一个桥梁设计的项目而欢呼。

第一轮解读之后，我们从课程与教学的角度切入进行概括，得出了九个关键概念：全新媒体学习环境(全景大屏、可触互动),移动学习(学习随时随地、教师"天涯咫尺"),促进学习的评价(及时获取学习证据),体验学习(亲历、增强现实),实践学习(实作、成果物化),项目学习(探究式、跨学科),合作学习(学习共同体),云学习(海量资源、云平台),自主学习(自选资源、自定进度)。

最后,经过与专家团队讨论,我们抽象归纳出"未来教室"的四大特质:建立以学习者为中心的学校场域;指向深度理解、形成个性化和多样化的学习方式;从"对学习的评价"走向"为学习的评价";创设"互联网+"学习环境。到这个时候,"未来教室"的样态开始清晰,我们也从课程教学的本质意义上把握了"未来教室"的专业特征。就是在这样一步步的概括、提炼中,我们完成了人工智能应用教学的路径设计,清晰了通往"未来教室"的路。

2015年,我们以《江苏高中"未来教室"研究》申报江苏省基础教育前瞻性教学改革试验项目。当时,锡山高中已有五个省级项目落户,在名校林立的江苏要再拿一个项目，让评委认可、同行认同，还真不容易。到南京参加项目答辩的场景至今难忘，那是在南京的一栋民国时期老式建筑里，面对近十位专家和上百所项目申报学校，我们只有8分钟陈述时间。我们将视频剪成4分钟，用2分钟讲了3次抽象概括的内容，再用1分半钟讲了项目实施的"四步走"方案，最后一刻，提出项目3年后的验核标准：用锡山高中的教育环境、教学设施、课程内容和师生，拍出一段这样的"未来教室"视频。全场响起掌声，我们以首位排序获准立项并获得600万资金支持。

走向"未来教室"，在技术上我们分四步走，从易到难实现"处处有Wi-Fi""室室触摸屏""人人有平板电脑"，着力突破关键点——"科科云资源"。前三步，主要是"钱"的问题，投资到位就解决了。难题是将这三样东西合起来、在课堂上用起来，真正走向"未来教室"，它不是花多少钱就容易办到的。我们在全国广泛考察：有的软件系统很好，但资金投入过大；到大公司里面谈，他们不愿意为我们量身定做。该走什么路？我们以校友资源为依托，鼓励全校教师参与，进行伴随式开发。坚持以应用场景为主导，以学习者为中心，走"技术工程师＋专业教师"的路，开发自己的应用系统。我们坚信，哪怕一个教师一个学期里给工程师提一项用户需求、一条修改意见，这个系统也会在不断改进中成为最适合我们的那一款。

以学习者为中心，基于"课堂教学""课后辅导""作业批阅"三大场景，想象一下：要借助现代技术实现哪些传统教学手段没有办法实现的功能？

我是语文老师，课堂最常见的教学方式是提问与讨论。在传统课堂里，提问只能是"师—生"单向度活动，一个学生回答，其他学生静听；讨论发生在教室同一物理空间，也只能"此起彼伏"，无法"异口同声"。但是，"弹幕"技术却能轻易地实现"七嘴八舌""众说纷纭"，而且学生的答问与讨论，还是以书面语言进行，更有助于深入思考与规范表达。

大家请回忆一下数学课的情形。估计不少人有被老师叫上黑板演算的经历，有经验的老师常以此来了解学生的学习状况。从评价的角度看，板演其实是抽样调查，选取典型样本以获取评价的证据，但用板演来评价学习很难实现全面调查。在"未来教室"中，这个问题就解决了，所有学生都在平板电脑上做，教师的平板电脑可以实时获取学习证据并对学生进行评价。发现典型问题，点一下投屏，就可以全班讨论、讲评。这就是"为学习的评价"，及时获取评价证据，目的不是为了评判优劣，而是为了改进学习策略，促进后续学习。

学生问老师问题，是传统方式解决个别化学习困难的主要路径，但严重受限于时空，老师要有时间且在近旁，学生要有时间且有动力，这才可以实现。我们开发了"随身问答""作业评讲"系统，这些障碍都清除了。学生有问题可以随时发问，减轻了学生"不敢问"的心理压力,降低了学生"没空跑"的时间成本,教师不论在何处都可以随时答疑;也完全改变了作业送交、批阅、讲评的形式,让个别化的学习指导得以实现。一位资深的数学老师说,学生听课或做作业时,只要有疑问就会在"随身问答"系统上发问,师生一起探讨研究,这样的深度学习在传统教学里很难实现。

语文教学既重要又繁重的任务是作文批改。我们看到有人研发了作文人工智能批改软件,可以找出错别字、病句,甚至可以生成评语。我们要不要也开发一套高中作文批改软件?这里有两个问题需要思考。

第一,人工智能在哪些方面具有胜于人的优势?机器的强项是完成重复性的、可预测的任务,依赖计算能力,将大量数据输入和分类,根据具体规则做决策。每一次作文批改,我们可以制定出具体的可以供机器执行评判的规则吗?由此可见,大规模作文阅卷系统,也仅仅是提供数据以控制评分误差。

第二，作文批改最急切的需求是什么？大家知道，作文批改最有效的方式是面批。但面批也要有三个条件，即学生有时间、教师有时间、师生有交流的空间。现实中常因时空限制而无法随时面批。我们设想开发"嘟嘟囔囔批作文"软件，由学生写好作文拍照上传，教师可以边批阅边录制视频，也可以将语音转换成文字作为眉批、旁批，三分钟点评结束，将视频发给学生。学生等有时间再看，然后回传交流。教师觉得一篇文章很好或者问题突出，可以发到班级群，学生随时阅读交流。这样随时随地的学习，打破了时空界限，建立了以学习者为中心的交互模式。

至于学生平板电脑中自动生成的"错题本"，那是人工智能的强项与优势，可以借助数据分析帮学生进行知识管理。这些功能，锡山高中"匡园深学"系统 2018 年就能实现。时至今日，学生的平板电脑中也会有自己的人工智能学伴，它会根据学生学习状况，提供学习任务，监控学习进度，提醒何时完成任务，并提供有针对性的反馈和指导。

"云走班"与"学程式课程"给我们带来新的学校样态。同一间教室并不妨碍学生进入各自的课堂，同一个教师并不影响学生按照自己的进度学习。"学程式课程"更像是"自适应学习平台"（Adaptive Learning Platform，ALP）的简式版，为个性化学习提供保障。这里需要指出一个问题，谈学习方式转变并不是将接受式学习传统转变为探究式学习，其实接受式学习是人类常用的、效率很高的学习方式，我们要改变的是从单一的接受式学习方式走向多样化的学习方式。

这些年，锡山高中建立了基于云数据的专业化、精致化的学习环境，如生命科学、材料科学等数字化实验室以及物联网农场、虚拟现实教室等，学校的整个学习环境已经发生了根本性的变革。学校也与多所大学联手开发课程，诸多云上兼职教师已在常态化指导学生学习。对于未来教室的建设，我们已从个别学科的局部尝试,逐步走向整体推进。原先那段"未来教室"视频的场景,超过 90% 已经成为现实。2020 年,突如其来的疫情全面验证了锡山高中五年间"未来教室"建设的成果。在此期间,尽管有教师身处武汉,有学生远在国外,"匡园云校"也能在 2020 年 2 月如期开学上课,实现"各进本班教室""各跟本班教师",课堂讨论、答疑辅导、作业讲解同校内线下一样。语文课"云上辩论"照常进行,艺术课"云上和声"照常排练。网络上热传的"云上和声"视频,应该是锡山高中"未来教室"场景很好的一个版本。在 2020 年能做到这一点,放眼全国也是为数不多的个例。

虽然"匡园云校"有些技术在当前 AI 条件下还需跟上时代步伐,迭代升级,但锡山高中十年来探索人工智能赋能教学变革的实践,仍为我们今天积极面对数智浪潮、理性探索实践路径提供了两条重要的启示。

1. 把握意义，防止"不作为"与"乱作为"的倾向。

关于人工智能与教育变革的关系，顾明远先生在首届明远未来教育年会的演讲中给出了简明的答案：技术是手段，育人是目的。从这一意义上来看，不思考新技术如何赋能教育、怎样促进育人模式转型，只认定"高考不变一切免谈"，或是因为学生使用移动终端可能带来难以管控的局面便一禁了之，拒绝应用，这种拒斥与人们最初对使用电的拒斥一样，只能导致我们被隔绝于时代，这属于典型的"不作为"。另一种倾向是，将人工智能视作提高考试成绩的"灵丹妙药"，借助人工智能加大"满堂灌"的力度，增加"天天考"的密度，提高"时时评"的速度。过去教师命制一套试卷、布置一份作业、批改一张卷子、统计一次成绩，还不那么容易，现在有了人工智能，可以一键生成，并实时反馈给家长。家长每天盯着数据，心惊肉跳，看孩子排名起起落落，比看股票涨跌还煎熬。还有的学校投资引进一大堆违背教育基本常识、伦理的人工智能技术，比如捕捉学生表情以监控上课听讲的专注度等，这些都是典型的"乱作为"。

2. 立足当下，兼顾"确定性"与"可变性"的平衡。

未来一定是从当下走起一步一步抵达的，即使是跨越式腾挪也要先看清起跳的基点。锡山高中2015年在规划人工智能促进教育变革时，对未来2025年的高中教育曾有三个基本判断：一是在未来可预见的十年里，以班级授课为基本教学组织形式的形态不会发生颠覆性改变；二是在未来可预见的十年里，以知识掌握和知识运用为主、发展学生核心素养的教学内容取向不会发生颠覆性改变；三是在未来可预见的十年里，以纸笔测试为人才选拔主要方式的高考模式不会发生颠覆性改变。与此同时，我们也坚信有三个必然发生的改变：一是在举国体制下，建立国家统一的技术平台一定不会遥远；二是在5G背景下，云上课程资源一定会裂变式增长；三是资本大量进入、聚集，"自适应学习平台"将为个性化学习提供优质、多样的选择。正是基于这些"确定性"与"可变性"的考量，能做什么和不能做什么，锡山高中才有更清晰的判断。

当下，ChatGPT横空出世，生成式人工智能（GenAI）引发了人工智能的第四次浪潮。亨利·基辛格等人在《人工智能时代与人类未来》一书中预言："由此产生的结果将是人类身份的转变，以及人类对现实体验水平的提升，所达到的高度是人类自现代曙光初现以来从未企及的。"教育也是如此，势必迎来比任何时候都更加重大的变革。

教育部办公厅于2024年11月20日下发了《教育部办公厅关于加强中小学人工智能教育的通知》（以下简称《通知》），强调以人工智能引领构建以人为本的创新教育生态，为促进学生全面发展服务，引导学生正确处理人与技术、社会的关系，促进思维发展，培养创新精神，提高解决实际问题的能力。《通知》系统而清晰地指明了人工智能教育通往2030年的路径，包括构建系统化课程体系、实施常态化教学与评价、开发普适化教学资源、建设泛在化教学环境、推动规模化教师供给、组织多样化交流活动等。

不变没有未来，乱变没有当下。如何按《通知》指出的2030年的教育样态来判断高中未来五年应用人工智能的趋势，这里提出三个观点供大家讨论。

第一，在未来五年班级授课制不可颠覆性改变的情况下，应更多应用人工智能赋能个性化教学，大力开发AI学伴及学程式课程。人工智能机器人程序强大的数据基础和自主性的使用方法，可以让学生获得私人定制式的教育产品，学生将有更多机会和条件自己决定学什么、怎么学，AI会根据学生的学习兴趣、学习风格、学习表现和进度自动调整内容和难度，从而达到学习过程的自适应。

第二，在未来五年以知识的掌握和运用为主、发展核心素养的教学内容取向不可颠覆性改变的前提下，人工智能协助下的课程设计应打破学科壁垒，呈现出多元、丰富、交叉、融合等特征。人工智能协助下的学习方式应突破单一的刷题与记忆形式，在遵循戴维·伯姆"对话"原则的前提下，创新设计基于真实问题情境的任务驱动式学习、探究式学习、合作学习，灵活地满足不同学生的学习需求，为其提供个性化的学习路径与资源，不断创新人才培养路径，从而在正确价值观、必备品格和关键能力的培养上取得更为显著的成效，为培养适应未来社会需要的高素质人才打下坚实的素养基础。

第三，在未来五年纸笔测试为主的高考模式不会颠覆性改变的背景下，应更多应用由人工智能带来的数字化教育场景，为学生提供更灵活多样的问题情境，提高学生在具体情境下运用知识解决问题的能力。五年内高考允许学生带 AI 工具参加考试是不大可能的，但高考题的考查立意、情境创设与设问形式都必然会迅速融入人工智能时代元素，"形"未变而"神"已改。

同时，人工智能机器人的出现必然带来人才培养标准的更新，未来教育将更注重学生自主学习能力、创新思维、艺术修养等方面的培养，以更好地适应未来社会的需要，促进人的整体发展。面对这样的趋势，朱永新着眼于未来社会发展需要，强调应更加重视培养学生真实的社会交际和社会情感能力、自主规划和自主管理能力、数字生存能力。

"时移世易，变法宜矣。"面向未来如何变革？《人类简史》作者的一句话很有价值：在一个信息爆炸却多半无用的世界，清晰的见解就成了一种力量。

AI 时代,我怀念那片小黑板[1]

当数字技术一路狂飙推动着教育变革时,有时我会逆向怀念起 20 世纪 80 年代每间教室里都普遍使用、而今天的孩子们不大多见的小黑板。

为什么我一次次地怀念小黑板,甚至有一种想让学校的信息化设施暂时停滞一段时间,让小黑板重新回到教育当中的冲动?就像让我们停止几天使用智能手机,回归不受搅扰的安静一样,或者就像回归乡间的土灶,捡拾柴火去烹煮泥土里生长的食材一样。有一个事实应该被重视:由于印刷技术的不断升级、网络传输技术的快速迭代,编印作业变

---

[1] 2023 年 10 月 28 日,在第六届 IEIC 国际教育创新大会学生成长论坛上即席演讲。本文根据现场录音整理。

得越来越便捷,甚至可以是"一键生成"。与此同时,学生的作业量在无节制地增长。许多学校的一线教师告诉我他们的感受:三年之后重上毕业班,高三学生的作业量又翻了一番。但,大量的是成题、套题甚至是烂题泛滥,学生们只得"题海"无涯苦作舟!有细心的学生将高中的习题、试卷收集堆叠起来竟然"试卷等身",发至网上一片惊叹:通往清北的路是用卷子铺出来的!

我实在担心,新一轮的人工智能工具如果又被用来当作"应试助手",变成"生成式人工智能作业命制器",那么又将引来一场题海"海啸",一场教育灾难!

在此背景下,我们有必要研究一下小黑板,看看它实现了哪些功能:

1. 小黑板的面积严格地限定了作业量。

在那个年代,除数理化之外,并不是科科都有小黑板作业。即使使用小黑板,大多时候也就是写一面,标注"背面还有"的老师,一般不太受欢迎。

如果哪位老师一手各提一个小黑板进教室，不但自己会觉得作业量过重，恐怕在学生和同事那里也留不下什么好印象。20世纪90年代中后期，我在锡山高中时，同事们管这种老师叫"作业大王"。

小黑板要便于老师提着行走，高度不会超过100厘米，一般的规制是90厘米×60厘米；小黑板上字的大小要保证后排学生看得见，总需要5厘米见方。这样，只有半平米多的面积上，能写上去的字符满打满算也就200字多一点，如果留空行只能写150字上下。所以，那时候的数学作业，一般也就三道题。

学生的作业量从过去的"天天一黑板"到后来的"天天一张纸"，到现在的"天天一套卷"，如果再演变为"天天屏上满"，孩子们还能吃得消吗？

2. 教师书写的过程就是作业优化的过程。

客观上讲，小黑板有限的面积要求作业必须优选；而作业必经教师书写，书写的繁难又要求作业必须优化。今天布置作业容易多了，多是"粘贴""打勾"即可,这种便捷化导致作业量剧增。我曾应邀去一所学校视导,发现这所学校教育质量不高而学生负担过重的根本原因,是学生作业都是从现成资料书里"打勾",没有优化的过程。

3. 学生抄题目的过程既是审题的过程,又是思考的过程。

先抄题再做题,这样一抄一做的节奏,更容易让思维深化。我常想,从容思考可能是深度学习的必要前提,题不多而典型,慢慢做而思考,更利于学深悟透。现在的"大题量、多反复、快节奏"的作业训练方式,有可能只训练了"唯手熟尔"的应试手感,而没有发展思维品质,导致不少学生平时做成题不错,考试遇到新题"抓瞎"。

突然想起小黑板,其实是长期思考减轻学生过重学习负担的一个突破点,也就是作业管理问题。

大家都知道,真正好的教学应该是做到"教—学—评"一致的,而真正好的教师也是会高度重视作业设计的,作业设计是评价设计的重要一环。作业设计要注意两个方面：一是在备课设定课堂教学目标的时候，就要考虑好评价方案，也就是用什么作业来检测、评价学生历经这节课学习是否已达到预设的目标；二是在上课后，根据学生课堂学习表现，根据通过提问、板演、巡视等各种方式获得的学生学习证据，思考需要调整哪些作业以巩固重点、弥补弱点。我们会发现，在当下教育中，优秀教师的突出特长是有选题的眼光，选题的眼光决定了作业的质量，作业的质量在很大程度上决定了教学的效果。从这个意义上讲，以小黑板的容量进行作业管理，就是要把作业设计与课堂教学统筹考虑，让作业真正发挥巩固所学知识、提供评价证据和延伸课后练习等作用。如果一时难以做到，不妨借鉴"小黑板原理"，从严格控制作业题量入手提升作业质量，把低效、无效、机械重复的作业砍去，用作业限量倒逼教师优化作业。同时，这也是提高教师专业水平的有效一招。无限制地加大课时量，无约束地放任作业量，教师课会上得越来越"水"，学生会学得越来越"死"。本该是让人拥有活跃智慧的脑力劳动,最后演变成师生沉重的体力消耗。这样的教学,遑论发展核心素养,应对高考也勉为其难!

AI 时代,估计还要做作业,但一定不会是现在这样的作业,因为现在的作业实在难不住 AI。那时的作业什么样?我们可以去想象。我想一定会有一个原则,我姑且称之为"小黑板作业原则",那就是:可控的量,有利于深度思考的优选的问题。

我笃信,在 AI 时代,在元宇宙场景中,当 6G 实现对人类数据的及时采集,并以高度保密以及可信度评鉴为前提实现互通互联之后,教育将迎来一场全新的重大变革。而身处这样的时代,人类如果有哪个能力不可替代,那一定是思考。

我相信没有人愿意再回到"小黑板"的年代,但我们不能忽视小黑板带来的启示:要培养学生不可替代的思考力,就不要用低质的作业和无效的负担填满他们的时间和空间。

2

在追问中求解

突破现实堵点的力度,要与实现改革使命的难度相匹配。

好的教育虽然"慢",但值得期待[1]

每个人对未来都怀有美好的梦想。我们教育工作者的梦想就是办出"好的教育"。

什么是好的教育?这是一个常问常新的问题。我想,好的教育一定是能让学生蓬勃生长的教育,教育展开的场所,一定是一个可以称作学校的地方。学生们会喜欢、热爱、留恋,甚至迷恋这个地方,在这里他们读书探究、放歌运动、组织社团,潜能得到发掘,个性得到发展,人格得以健全,人们看得到、感受得到活泼的生命在向上生长、自由舒展。

---

[1] 2023年4月8日,应邀在华东师范大学举办的全国"影子校长"千校联盟论坛上作主题演讲。本文根据现场录音整理,后刊发于《文汇报》。

好的教育一定是有家国情怀、人类使命的教育，这种教育能将体现国家意志的育人目标、课程方案在校园里呈现出来，变成生动的教育场景，学生不是为了分数而"死揪"，为了升学而苦拼；好的教育一定是家长与社会认同、认可的教育，这就要求校长坚定教育自觉的价值追求，不被功利力量牵着走。好的教育一定是在向好、向善过程中不断改进、不断变革的教育，这个过程虽慢，却值得教育工作者期待、静待。

中国基础教育界目前需要破解两大难题：

一是如何将我们所听到的那些令人心潮澎湃的"国之大计"转化为学校教育中的生动情境。一个概念、一种方略，并非提出后立刻就能成为一种现实场景。根据美国著名课程专家古德莱德的理论，课程分为理想、正式、领悟、运作、经验五个层次。从理想的课程概念转化为学生在真实课堂中实际享有的课程，大概要经历五个层次的衰减，每个层次都会离我们追求的理想境界更远一点，甚至有时候还会产生方向上的变异,即我们追求的理想教育主张和学校实际的教育行为背道而驰。教育者如何把理想的教育理念转化为现实,是我们面临的第一大难题。

二是要把握好理想与现实、当下与未来、终极价值与工具价值之间的平衡。在追求教育理想的过程中,如果忽视对现实的关注,便无法抵达理想的境界。在中国基础教育界,一些特立独行的改革者大胆果敢的措施常常让我们眼前一亮,但由于没有把握好平衡,他们的作为往往成为那些反对改革的人所举的反面典型,成为堆垒在后来者心理上、路途上厚实的障碍。

破解两大难题,基础教育界的校长必须具备两个关键品质:一是定力,基于教育自觉的坚守;二是智慧,基于实践逻辑的行动。

教育自觉一定建立在对教育价值的深远追问之上,是基于对教育终极价值的判断而确立的一种信念。如果只是认识,没有达到信念的程度,恐怕还达不到教育自觉的境地。但更重要的是，我们必须要关注实践逻辑。所谓实践逻辑，就是要明确践行理想的路径、方法选择，是"做"的逻辑。以价值实现为目标，专业地设计出清晰的、可操作的实践路径。

举一个简单的例子：为发展学生审美素养，国家课程方案规定，中国高中生毕业必修的88学分中，必须修满6个艺术学分。这就意味着高中每周必须开一节艺术课。这不是仅靠教育自觉和简单重复几句"德智体美劳全面发展"的口号就能解决的，它需要有更高的智慧，要遵循实践的逻辑。人的感性发展要满足两个基本条件：一是体系化、二是专业化。如何通过专业化、体系化的训练来发展青少年的感性素养，就是校长必须解决的现实问题。

那么，对高中来说，每周一节的艺术课要不要开？这就体现校长的价值判断与定力，是教育自觉问题。能不能开、如何开，都体现着校长的方法选择与智慧，是实践逻辑。常见的是一些教育者觉得唱不唱歌与高考无关,于是喑哑了校园的歌声,但他们却找出无数条理由,告诉人们,他们这里没条件开艺术课。其实,是不为也,非不能也。

所以,实践逻辑是基于教育自觉,智慧往往在定力之上产生。

我常常在想,解决好平衡问题,某种程度上就能解决好创造性转化的问题。

所谓平衡,并非权宜之计,也不是折中之策,而是一种解决教育现实问题的过程性、结构性的原则。要把握好平衡,需要坚持四个基本原则。

1. 朝着正确的方向。

要让立德树人的光芒真正照亮每一个教育细节。

最近教育界非常关注拔尖创新人才的早期培养。那什么是"早期"?"早期培养"究竟该将其定义为从哪个年龄段开始的教育行为?

我看到,很多时候,大学希望把拔尖创新人才的培养"早期"到高中,高中则希望"早期"到初中,初中希望"早期"到小学。目前小学阶段暂没听见有人呼吁"早期"到幼儿园。如果幼儿园也呼吁早期培养的话，我们的"早期"究竟应该从何时开始？

拔尖创新人才在基础教育阶段究竟该如何培养？40多年来通过观察，我有这样的印象：过去所谓"拔尖人才"早期培养方法，大多不过是在所有做题的孩子中间挑一堆做题比较好的孩子，把他们提前选出来做更难、更高程度的题，最后再通过考上那几所名牌大学来证明他们的"拔尖"。

正像中国足球队的培养模式一样，如果中国孩子群体不踢球，只挑个别拔尖人才早期培养踢球，在他们身上寄托冲出亚洲的所有希望，结果只能是一次次让我们梦碎。常识告诉我们，中国达到世界乒乓运动顶级拔尖水平的人才多，那是因为中国乒乓人口多，打球的多。中国要培养大批拔尖创新人才，唯一的方法是让所有的孩子都在探索中求知学习，而不是在做题中记忆知识，更不是让校长们唱着这样的歌："借我借我一双慧眼吧，让我把能拔尖的孩子看得真真切切明明白白。"

我认为，对基础教育而言，"拔尖"与"创新"并非一个整体性概念，"拔尖"通常是指一个人才在某个学科中所达的高度，这在高中阶段其实是很难追求并发现的。我们似乎没听见过这样的表述：某同学具有"拔尖潜质"。而创新是所有孩子都应该具备的基本素养，我们更应该关注一个人身上是否具有创新的素养、创造的潜质。无论是"无中生有"的创新，还是"有中生新"的创新，都是可以在大面积学生身上培养的素养。如果我们更多关注全体学生的创新素养，我们国家的拔尖人才将会顺势而生。十年树木，基础教育更应该关注其"粗度"而不是"高度"，树干太细了是长不高的。这就是我们所说的方向。

2. 设定有限的目标。

我们必须把握一种渐进性的原则，统筹方向性与现实性，把握改革的力度和现实承受的程度。我们应该从理想中间分解出来有限的目标，以每天、每学期实现一点点有限的目标来朝着我们的方向前行，而不是建构一个宏大的结构。例如，"破五唯"的顽瘴痼疾，需要体系设计，更需要点点突破，不要指望一下子用"十全"破"唯一"，先实施个"有二"就是对"唯一"的重大突破了。只要方向正确，一点一点改，不急切，不妄为，好的教育虽"慢"，但总值得期待。

3. 坚持专业的探索。

能否展开专业探索，是能否沿着我们分解的目标走向理想前方的一个重要的技术路径。

这些年来，我们刻画新时代高中生形象，就通过"现实堵点+专业解决方案"来创新全面育人系统路径。

以选课为例，现在的学生普遍存在一种选课逻辑：不基于自己特长进行判断选择，而是看哪个学科更容易得高分。现象背后的关键在于他们缺乏清晰的人生规划，但人生规划是需要技术支持的。因此，锡山高中的课程体系按照高校 13 个专业分成 7 个专业大类，着力点就是让学生在深刻体验专业大类的过程当中认识自我特长,在认识自我特长的过程当中完成对人生路径的规划。同时,我们创设未来性成长社区,将校园环境建设为教育场域,学生在"未来教室"等260余个学习空间、学生银行等工作情境、宿舍居委等生活场景中自我管理、担当尽责。这些都是专业化的教育探索。

4. 相信时间的力量。

从今天做起,久久为功,我们才会在变革中发现变革的痕迹,确证变革的价值。法国一位思想家说:"未来不是等来的,是创造出来的。"在我看来,创造未来一定要相信时间的力量,不能期望每一次改革都惊天动地、每一次改革都手到病除。但未来就在我们的前面,我们必须朝着正确的方向往前走。

行动是梦想的刻度。记住英国音乐家约翰·列侬的提醒:

当我们忙着制定其他计划时,生活已然发生。请珍视当下的每一天!

学校教育改革创新,难在哪里? ①

教育强国不仅是我们每一个教育人的梦想,也是我们应该承担的使命。作为基础教育一线的校长,我们在学习践行教育家精神的时候,也应该理清自己的思路,想想教育强国蓝图在学校的打开方式。

我觉得,有三个话题值得讨论。

当前,基础教育还存在着强调记忆而非思考、强调理论而非应用的问题,教育者面临着既要适应高考又要为孩子的未来负责的平衡性问题。面对时

---

① 2023年10月19日,应邀在广东省名校长工作室成果展示暨"弘扬教育家精神,促进基础教育高质量发展"论坛上发表演说。本文根据现场录音整理,后在《中国教育报》整版刊发。

代对我们提出的新要求,如何解决这些难题,教育创新需要做好哪些优先事项,这些都值得我们深思。

一、一线教育工作者面临的两大难题

1. 创造性转化的难题。

创造性转化的难题,就是怎样把体现国家意志、承荷民族复兴伟大梦想的国家课程方案,一条一条做出来、一点一点落下去,把国家课程方案变成我们校园里生动的实践,变成我们学生蓬勃成长的气象。这需要我们从根本价值上去追问教育目的,把握立德树人的核心要义,在清晰而坚定的教育自觉基础上,坚守教育的底线,进行创造性转化。这需要每一位校长,尤其是教育家型校长有更强的定力。

在中学校长里,我是参加了国家课程方案顶层设计的一位。在专家圈子里,我常常自问:我是谁?我不是上层的专家学者,而是一位中学校长。我既要代表基层学校教育一线的意见,把它反映到我们国家课程改革的顶层设计方案中去,又必须努力把这一课程方案在我们学校里面做出来。如果课程方案在一位亲自参与制定方案的校长的学校里面都不能够得到较好的执行,那方案的可行性是不是值得探讨?

举一个简单的例子,国家课程方案要求中国高中生必须修满艺术学分。我知道,真的做起来其实是相当难的。但我们应该去好好地想一想,让高三的孩子上一节艺术课,真的会影响他们的高考成绩吗?艺术有那么大的杀伤力吗?如果我们能让高三学生有一节艺术课,让他们的感性素养得到发展,是不是可以在满足国家课程基本要求的前提下,提升我们孩子的校园生活幸福度、孩子的综合素养呢?

2. 动态性平衡的难题。

在 2021 年全国两会上,我在"委员通道"上讲,学生如果没有分数,就过不了今天的高考,但如果只有分数,恐怕也赢不了未来的大考。网上有些人说,校长可以这样讲,话说得轻轻松松。其实我说得一点都不轻松：学生一生一次高考，家长一生两次高考，作为高中校长的我们每年一次高考；一位校长，哪怕你影响再大、做得再好，只要高考考不好，哪怕只是今年没考好，也必须得面对社会无形的压力。

校长必须有这样一种能力：一方面，我们怀有教育理想，坚定地朝着理想前进；另一方面，虽然我们不能力挽狂澜，但起码可以不推波助澜，不把教育推到那种极端的、野蛮的、无节制挣分的死循环当中，而应该让教育有教育的样子。面对复杂的社会现实和有待进一步净化的教育生态，我们必须创造性转化，把理想做出来，有更强的定力；必须有把握平衡的实践逻辑，有更高的智慧。

担当使命和把握平衡，这是时代给教育家提出的命题。如果教育家都轻轻松松，在通往理想的道路上一路高歌，振臂一呼、应者云集，周边都是为我们呐喊鼓劲、助威帮阵的人，那再好不过。而现实是，我们常处在一种陷于牵拉与坚守的苦斗当中。

我们必须在这种牵拉当中有坚守、有奋斗、有作为，把理想做出来，而不是让理想在现实面前栽跟头或者入歧途。正因为如此，坚守与苦斗中的当代教育家才显得弥足珍贵。

二、教育教学方式变革须关注的几个方面

当前，面对时代对我们提出的新要求，教育改革必须关注这三个方面。

1. 教育的本质是教会人思考。

我多次引用《像莎士比亚一样思考》中的一段话，这里也要重述一遍。"凡是值得思考的都是早已被思考过的"，但"我们还得从头再想一回"，而且不厌其烦地重复，因为"我们已经堕落到如此地步，以至于首要任务就是重申那些显而易见的事"。今天的基础教育最大的问题是过度强调记忆，而没有真正关注思考。人工智能时代到来的时候，"若说人类有哪项应用程序至关重要，则非思考莫属"。所以我认为，一节课的优劣高下，要看给学

生留下多少可高强度思考的时间。

语文课原本是教学生思考的，但容易教成记忆之学。有人说，学生一怕文言文、二怕周树人、三怕写作文。为什么有这"三怕"？以文言文教学为例，本来学生看一看，也能知其大意。但有的教学不肯这样，一定要落实再落实。"永州之野"的"之"有六种用法：作助词、作动词、作代词、起提宾作用……一条条让孩子记下来再反复练。那条奇异的蛇在孩子面前不见了，只记得"之"字这如长蛇般盘缠在脑子里的六种用法。如同《像莎士比亚一样思考》一书中批评的那样，"开放目标的阅读所带来的快乐在忽略语境的生硬解读中被消耗殆尽"。我们现在的一些教学看起来是在不断地强化、强化，但其实是让孩子不断地丧失思考的基本能力。

2. 动手让孩子更智慧。

不是只有做题才可以发展孩子的智慧，动手也是促进孩子智慧发展非常重要的一种方式。哲学家说，人类在发展的过程中，究竟是手的发展促进了脑的发展,还是脑的发展促进了手的发展?虽然有争论,但是手脑并用促进智慧的发展是没有异议的。

我们的教育让孩子动手实践探究的机会太少了。上海的任友群教授非常自豪地对学生说,他受过完整的中学教育,每一个实验他都做过,和同学一起解剖过青蛙。学生们惊羡不已!我听过一堂生物课,教师这样讲:"选一个紫皮的洋葱,剥一片洋葱皮放到载玻片上,记下了没有?"("记下了。")"然后打开显微镜,把它放到右边的旋钮上,然后调焦距,你会看到这幅图,请看 PPT,把你看到的东西记住……"《美国国家科学教育标准》中指出,"科学教育中的探究应该尽可能接近地反映从事真正的科学研究工作的真实"。我觉得,当孩子的手上没有洋葱的味道的时候,这样的生物课就失去了专业的味道,远离了"科学研究工作的真实"。如果不让学生开口讲、亲自实践、亲身体验,而是把所有的东西都变成一种知识的记忆,那么学习的负担就容易在记忆量的倍增中倍增。

3. 在应用中掌握知识和技能。

应用,是我们学习的一种非常重要的方法。以语文学科为例,在讨论语文课程标准时,关于语文是一门什么样的课程,有两种不同的定义:一种提法是,语文是教学生学习和运用祖国语言文字的一门综合性实践性课程;另一种提法是,语文是教学生学习祖国语言文字运用的一门综合性实践性课程。课程标准最后采取的是后一种定义,道理在于语文是学习语言文字运用的,不是说语文有一些知识需要我们学,学完之后我们再来运用,而是我们就是学习如何去运用。

保罗·洛克哈特《一个数学家的叹息》中说,"数学的乐趣源自使人愉悦的模式建构过程中产生的猜想,却因大量的限制性练习而枯竭"。上海2023年的中考数学考了一道用优惠卡去加油又遇打折优惠活动的应用题,很多学生非常头大。是否有必要理解"折上折"曾有争议,但让学生在应用中学习，在具体情境当中考查学生运用知识解决实际问题的能力，应该是现在的中高考命题导向。

三、用工程教育课程开发撬动学习方式变革

从教育强国的角度来讲，我们要提升国家的科技实力，彻底解决"卡脖子"问题，就必须造就更多的大师级的战略科学家，更多一流科技领域人才、创新团队、卓越工程师。但是，在我们高中88个必修学分里面，技术只占7%的比例；在一些省份"3+1+2"的高考模式当中，选择历史方向和物理方向的孩子，选修技术课的学分均为0。所以我们的课程体系里面急缺工科教育内容。

华中科技大学的一位院士告诉我，他们把学生带到工程大车间里面学习时，就有学生在想，是不是上错大学了，怎么感觉上了职业技术学校了？这里潜藏着一个重要的问题：以刷题为主的孩子没有基本的工科素养，他们对工程、工厂的现场是比较排斥的。

去年我参加了一个课题——"造就中国的卓越工程师战略咨询报告研究"。研究显示,现在我国高校理工科学生比例下降,而更多的人则选择工商管理。当中国最顶尖的孩子都去学管理的时候,我们国家的创新怎么办?

当今国际工程教育已经有了新的变化,美国在培养未来人才K12、STEM教育计划当中,也要求培养未来工程师。相比之下,学生逃离工科,是我们所面临的一个严峻的问题。

就此,锡山中学提出:第一,要让学生对工程有基本的认识,要有工程兴趣、志向;第二,要逐渐培养学生工程思维、工程能力;第三,要用技术语言完成一件制作制造的物化成果。同时,我们借鉴了美国的技术工程师培养模型,在高中选修课里,开发工程教育课程。

现在,当教育强国的梦想要落在面临高考压力的高中生身上时,我们能做什么?一个基本的共识是,改变学生的学习方式。不管有多少学校在说"我们已经实现了学习方式的改变",我都持谨慎的态度,因为在传统的学科里面改变学习方式,其实是非常艰难的,要走的路还很远。

因为知道变革学生学习方式非常艰难,所以我们试图用工程教育课程的开发来撬动这一变革,起码在这个领域先变过来。如果在这个领域实现了变革,它就可以使我们学生的素养更为全面一点。

我们今天的一切作为也许并不那么惊天动地,但是只要久久为功地坚持下去,历史一定会让未来告诉我们今天我们变革的意义。

应试教育的问题主要源于"试"的导向①

从整体上看,现在的高中与考试相关的课程无限膨胀,与高考不相关的课程被大量弱化甚至被彻底取消;提前结束新课、提前复习,把高中三年的课程两年上完,留出一年专门复习应付高考;以练代思,刷题增分,高强度,小步子,快节奏,一路小跑学三年。学生的思维无法在从容中展开,思考无法在慢思中深悟,兴趣无法在专注中持续,这样的模式培养不出创新人才。

所以,人们指责基础教育搞应试教育,这种批评意见大致不差,但也要从深层上分析上述问题产

---

① 2023年12月16日,应邀在国家教育宏观政策论坛年会暨上海教育督导论坛上作主题报告。本文根据部分现场录音整理。

生的原因。

我以为,应试教育的问题主要源于"试"的导向,根源是在"试"的标准与"试"的方式上。批评应试教育,必须关注解决"招"与"考"的问题,板子不能只打在"应"的行为与"应"的方式上。可以想想,如果"试"主要是看核心素养,那基础教育"应"核心素养之"试"又会错到哪里去呢?

所以,大学的人才选拔方式直接决定着基础教育的人才培育方式,应该充分发挥考试的指挥棒作用。

我看了许多创建国际一流大学的规划方案,几乎没有一所大学提出要创建国际一流的人才选拔模式与标准。没有一流的人才选拔方式,怎么能选拔、培养出一流人才呢?

在北京大学举办的校长论坛上,我说北大是引领风气之方向,一部百年北大招生的历史就是中国基础教育的发展改革史:北大开始考自然科学,中国新式学堂就勃兴;北大招女生,女童就大量入学;

北大不考试了，我们这一代人也就"读书无用"了。今天也是如此，北大试行校长实名推荐，中学就狠抓综合素质培养，因为要通过面试与答辩，只是做题，肯定过不了关。北大对学科竞赛金牌学生免试保送，中学就大搞学科竞赛，不惜代价。开个玩笑，如果有一天北大要挑 100 个足球特长生，中学操场上马上会有学生挥汗如雨，学校会像抓学科竞赛一样抓足球比赛，说不定能一举让中国足球冲出亚洲、走向世界。如果招的标准是综合素质、考的方法是全面考查，高中的培养方式自然就会发生变化。

所以我一直呼吁，应在强基计划的现有政策框架内，研究卓越工程师素养考核标准，突破单一的纸笔测试方式，着重考查学生的制作制造、创新创意能力，引导高中学习方式走出单一刷题增分的误区，重视培养学生动手实践、创新创造的能力。

同时，要认真研究，适时调整语数外三科高考统一要求。

这里要澄清一个认识，我们借鉴博雅教育的理念，为防止偏科，新高考模式选择不分文理，考同样的语数外，这种考虑是对的。但不分文理科，是在通识教育范围里强调共同基础，而不能在高利害相关的选拔性考试中把语数外最高要求当作共同基础。

应该指出，人人考同样的语数外，整体抬升了学科难度，把全面发展引向了全科发展，高层次大学选拔更是要求科科优秀，这也是负担沉重的重要原因。

在现行"3+1+2"的高考框架下，建议探索数学分层、语文分类、外语分级的考试形式，以此减轻学生的课业负担，让他们把宝贵的智力、精力投入真正热爱的学科中去。

高考是保障我们人才选拔公平性的基本制度，不可能也不允许进行"大改"，但高考创新也一直在"小改"中不断完善。新高考改革从"3+3"到"3+1+2"的改变，事实上已经考虑了历史、物理两个大类的不同选拔要求。如果沿着这一改革思路，探索数学分层、语文分类、外语分级，将是对"3+1+2"模式的进一步补充和完善。

数学分层，即按照高校不同的专业大类，选择不同水平要求层次的考查内容，"放出少数人，放开一大片"，"人人学有用的数学"，就可以让不少孩子卸下包袱、减轻负担。事实上，许多孩子的学业困境是统一要求的"数学"制造出来的。

语文高考也应该分类考试。比如，对将来选择理科、工科、医学等方向的学生，高考阅读更应考查在陌生情境文本中获取信息的能力，而不是小说阅读、古诗鉴赏；作文更应考查语言表达的准确性、规范性与逻辑性，而不是语言的文采和感染力。

外语考试的分级，应加快推进建立与大学英语四六级考试衔接的等级考试制度，多次考试、分类要求，最终达标合格即可，走出分分必争的境地。

今天的中考为何而考？[1]

本次座谈会的主题是"中考招生改革与高中阶段学校多样化发展"，这两者确实是密切关联的问题：高中多样化发展以中考改革为前提，中考不改革，高中多样化发展就不太可能实现。所以，会议扣紧这一主题，是抓住了解决问题的"牛鼻子"。以这一视角，必须从中考的价值与定位出发追问：中考为了什么？目的是什么？

从现实角度分析，双考合一之后，中考以国家课程标准为依据检测学生学业达标状况，考试性质兼具合格性测试的特点。但中考本身所承担的选拔

---

[1] 2024 年 11 月 21 日，应邀参加民进中央主办的民进中央基础教育改革座谈会并发言。本文根据发言提纲整理。

性功能，又大大遮蔽了合格性考试的价值。因此，现在的中考事实上主要作为选拔性考试而存在。

我们再观察一下中考评价结果使用，就会发现主要用于两方面：一是划定分数线实现普职分流；二是划定分数段实现普高分层。前者让低分数学生因达不到"普高线"无奈进入职高，被切分到一种层次；后者让"普高线"上不同分数的学生再次按分数排队，进入不同层级的普通高中，享受不同品质的教育资源，获得不同程度的升学机会。

从这个意义上看，中考的目的主要就是分层，按书面测试能力的高低对学生进行切分，挑选出优秀者进入优质普高，从而为一流大学进行预备教育。这样一来，中考的性质就一定是高考选拔的提前化。又由于一个区域内可选择的优质高中面往往小于全国大学的选择面，因此，有些地区中考竞争的激烈程度甚至要强于高考竞争，中考所形成的压力传导一直蔓延到小学阶段。

在强调高中学段多样化发展的背景下，建议中考改革应坚持"强化育人导向、淡化升学竞争"的目标,通过准确定位、科学命题、明晰主体来有序推进改革。

1. 强化合格性考试定位。

强化中考遵守义务教育国家课程方案与课程标准的严肃性、规范性,严格依照学业标准命题评价,让学生对照标准学习,参照标准评价,把学习好不好的判断对应在课标的尺度上,而不是与其他人比较的竞争上。只要认真学习,不必拼命做题,就可以学得满意,考出自信。如果九年义务教育的结果是用中考制造一大批失败者,这肯定不是好的育人导向!

2. 淡化评价结果使用的竞争色彩。

现在为着考试公平公正,常常以分数段公布中考成绩。仔细想来,一场大规模的考试,仅让一位分数最高的考生成为瞩目的焦点,又为了防止"科举文化"不良导向、防止加剧内卷焦虑,三令五申不准宣传"状元",实际上是禁而不止或者禁而弥彰。

自己制定的考试规则制造出"第一"而自己又不准宣传"状元",这种现象值得反思。过去科举考试选一个状元,那是因为官位稀缺,只能选出一个来任命。现在我们的中考、高考选出一个第一,预备干什么用?国外的考试中,常有一大批满分学生,这种做法是否可以借鉴?一座城市十万考生,千里挑一就有100人,百里挑一就有1000人,都给这些人打满分,有什么不可呢?我认为,强制性在中考命题评分中设置"满分比"可能是降些难度、缓解竞争的有效方法之一。简而言之,让一群人得满分肯定比让一个人得高分的评价制度更有利于"导向育人、淡化竞争"目标的达成。

3. 突出"评价单元"的改革主体作用。

所谓"评价单元",是指中考评价与录取时相对独立的行政单位。当前,有的"评价单元"在直辖市(省级),大多在地市级,也有的在县级。前一阵子说要推进省级中考命题试点,如果只是命题还好,完全没有必要将中考决策权收归省级。

可以发现,在一个独立的中考"评价单元"内,想要什么样的高中发展格局就会有什么样的配套中考政策。比如一座千万人口的大城市,如果教育行政部门想扶植一所高中强势发展,那中考录取政策一般会是"放开竞争,自由填报"。过不了几年,好的高中就会越办越好,并成为城市品牌;同时,好的高中也会越来越少,城市整体升学竞争日益加剧。同样道理,如果想办好一批高中,就会出台"划片招生,指标到校"的政策。这样,这个城市估计出不了多少"全国几强"高中,但升学竞争减缓了,老百姓总体的幸福指数肯定提高了。这一点,在江苏可以看得非常清楚,南通大市严禁跨县域招生,结果南通的县中个个强,南通的高中整体质量普遍高。另有一些城市,大市范围独树一所高中,其他县中就大多"塌陷",整体水平也无法与南通相比。

因此,形成合理的分数段群,可能更利于高中多样化发展。坦率地讲,每个区域内的高中办学水平和家长认可度是有差别的,但中考改革是要让水平不断拉大还是逐步均衡，这是政策设计的一个基本导向。一个显而易见的事实是，以分数梯次化排序形成学校生源梯次化落差，只能导致冰糖葫芦式的高中发展样态，不会形成高中多样化发展格局。兼顾现实的合理选择，我想可能是这样：在一个"评价单元"内，设置若干个同层次质量均等的学校，既为学生提供更多的同层级学校资源，又调动同层级学校在均等的生源条件下各展特色，多样发展。

当然，最有效的方法是鼓励以"评价单元"为主体，积极探索设立十二年一贯制学校，设定最后时限，分批次逐步取消中考，为高中多样化发展提供宽广的平台支持。

"拔尖"不是"掐尖"不是"圈养",现实"堵点"在哪里?[①]

"培养什么人?""如何培养?""如何选拔?"是拔尖创新人才早期培养绕不开的问题。同一问题,学者们的观点不尽相同甚至针锋相对;同一实践,在一些人看来是创新探索,另一些人则可能认为是歧路误区。这些问题放在国际语境中也是见仁见智、众说纷纭,究其根本便在对公共教育政策公平性与人成长规律性的不同认知上。解开这些难题,可以从四个关键问题的讨论入手。

[①] 2024年11月6日,参加第二届全国基础教育数字化论坛,向大会报告香港中文大学(深圳)当代教育研究所的项目组研究述评,本文与下文都是报告的内容。述评原文刊发于《中国基础教育》2024年第5期。

1. "拔尖创新人才培养"与"英才教育"有何区别?

"英才教育"可追溯至柏拉图在《理想国》中对高智商孩子培养的重视。在西方国家,"英才教育"是为排在同龄人前 1% 到 3% 的天才儿童设置的特殊教育。学者陆一指出,"英才教育"以追求最大化地挖掘个体的潜能为目标,强调个人发展,在新自由主义、优绩主义与能者多得的指导下,呈现出私事化、社会化、市场化的培养特征。

"拔尖创新人才"及其培养在我国语境下被赋予更为深远的国家使命,旨在满足重大公共需求,呈现学科化、国家主导的特征。"拔尖"是一个比较概念,强调的是在整体提升的基础上的选拔。只有在基数足够大的情况下,才能真正涌现出各领域的领军人才。"拔尖"是结果和目标,而不是实现方式,更不能采用层层筛选"选拔"的方式"掐尖"。

2. 是否要进行拔尖创新人才早期培养？

拔尖创新人才培养是一个动态化、系统化的过程，各学段虽有侧重，但各阶段都有不可替代的作用。早期培养不足对于拔尖创新人才成长而言，不仅是环节缺失更是要素缺失。研究中，我们发现，争议的焦点并不在"要不要培养"的价值判断上，更多指向"怎么培养"的实践误区。北京师范大学刘坚教授指出，误区之一是将智力超常、成绩优异的学生狭隘等同于创新人才。有研究表明，智商和创造力之间的相关系数仅为0.17，创新能力与学业成绩之间相关系数为0.22，都呈弱相关。误区之二是"层层选拔"和"集中培养"。"层层选拔"以更多学生作为"分母"陪跑遭淘汰被伤害为代价；"集中培养"使这些儿童过早脱离家人和同龄人的正常成长环境，其人格发展、人际交往、社会性发展、情绪情感满足等方面均受到影响，且"大鱼小池塘效应"也使他们的自我概念降低。

3. 如何早期识别和选拔拔尖创新人才?

识别和选拔,作为拔尖创新人才早期培养的核心环节,其重要性不言而喻。而为了更精准地进行这一工作,我们需要参考并借鉴国际上的"创新型人才"能力模型。这些模型各有特色,有的强调高智商的重要性,有的则注重多元智能的发展,还有的融入了非智力志趣因素,共同催生出众多关于创造力的系统理论。我国程黎等学者构建了拔尖创新人才"一核二径三特征"成长模型,陆一也提出了检验拔尖创新人才选育效果的"两层面四要素"框架。我们认为,这些研究对探索拔尖创新人才的成长模式和必备素质,建构起指导实践的理论体系有重要意义,应该基于本土实践协同攻关、深入研究、早出成果。

4. 如何早期培养拔尖创新人才?

拔尖创新人才早期培养在实践中存在重选轻育的现象,要纠正这一偏向,就需要明确基础教育阶段拔尖创新人才早期培养的基本路径,即一方面提升全体学生的创新素养，另一方面要善于发现并积极培养具有拔尖创新潜质的学生，为他们提供个性化的教育和培养。

专家提出的以下几点具体建议值得关注。陆一指出，重视拔尖创新人才的早期培养并非意味着要搞教育特权或政策上的"翻烧饼"，而应融入整体教育体系，避免与大众教育隔离。确保每个人初始阶段获得优质教育，并在成长中自我认知、实现目标。杨清则进一步强调，拔尖创新人才应具备"T型知识结构"，既要注重基础课程的普及，又要针对不同学生的兴趣和潜力提供专业精深、内容有深度和难度的课程，以促进其潜能的开发。成尚荣则提出，不应仅仅局限于知识、思维、能力和胆量的培养，更应注重整体人格层面的塑造，包括坚韧不拔的毅力、不懈努力的意志、包容的心态、虚怀若谷的美德，以培养出既具备扎实学识又具备持续创新能力的顶尖人才。

结合这些观点，我们认为应致力于构建普育与个性培养相结合的拔尖创新人才早期培养体系，让每一个学生都能在成长过程中获得发展和出彩的机会，不仅让具有天赋潜力的人才得以施展抱负，也让所有人都能实现自我价值，共同为我国创新事业的发展添砖加瓦。

那么，拔尖创新人才早期培养的现实堵点有哪些？基于钟秉林项目组的研究结论，我们团队从选拔对象、培养方式、升学通道等多角度细化分析，梳理出了"三类主体六种模式"（见下表），以客观呈现当前基础教育拔尖创新人才早期培养的实践概貌。

基础教育拔尖创新人才早期培养常见模式

主导单位	类型	培养方式	升学通道
中小学	超常教育模式	选拔低学龄智力超常儿童，采取加速式教学模式，缩短年限完成义务教育阶段国家课程以及早培班特设课程，层层选拔，分批淘汰。	仅部分学校可直升高中，均需参加高考

续表

主导单位	类型	培养方式	升学通道
中小学	X中模式	按考试成绩将学生分入尖子班、实验班、竞赛班，配置优秀教师，加快进度，不断淘汰，学生多参与学科竞赛。	需参加中考、高考
高校	高校少年班贯通培养模式	选拔智力超常的应届初中毕业生，采取"预科—本科—硕博"贯通培养。	一考（单独考试）免三考（高考、考研、考博）
高校	基础学科领军计划模式	招收成绩优秀、表现出数理潜质和特长并有志终身从事科学研究的高一、高二学生甚至是初中生。由学术大师直接授课，采用"'3+2'+3"本硕博衔接，分别进行数理基础课程学习、科研训练及职业科学家学习训练。	通过预科考察后免三考（高考、考研、考博）
高校	大中协同模式	选拔具有创新潜质的高中生进入特色班，通过大中课程共建、师资双向流动、科研资源共享等方式培养。	均需参加高考
政府	多方协作模式	依托政府计划，凝聚多方力量，包括科协、科研院所、高科技产业、高校等，共同参与中小学拔尖创新人才早期培养。	均需参加中考、高考

分析上述六种模式可以发现，拔尖创新人才早期培养，无论是否经由有关部门批准，也不论是否真正指向"拔尖创新人才"成长，实践层面都长期、大面积地存在着这一教育行为。"X中模式"，可以说是中小学进行拔尖创新人才培养的"常式"之一，我们之所以列出，就是期待政策设计者与研究者关注这种现状，关注政策的抗操纵性（Strategy-proofness）。如果拔尖创新人才早期培养模式归根到底还是"在所有做题的孩子中间挑一堆做题比较好的孩子，把他们提前选出来后，做更难的题，最后再通过考上名牌大学来证明'拔尖'"，那么，"X中模式"将在新一轮拔尖创新人才早期培养的浪潮中竞相登场，"掐尖"现象将大面积回潮，多年努力形成的教育公平环境将重遭损害，最后的结果很可能是重又走向一刀切式取缔的周期循环。

走访调研中，我们发现一些学校并非没有成功经验，也并非没有采用更优培养方案的认知与选择，之所以放不开手脚，还是因为绕不开中考、高考的门槛。深入分析可以发现，拔尖创新人才早期培养中的堵点，主要集中在机制保障和教育方法两大方面。

从机制保障方面看，由于缺少更为权威的评价标准，早期培养成效仍需要用考高分、录名校来显现，因此终端决定始端，高考、中考的考查科目与考试方式就直接决定了早期选拔的标准与方式。许多学校不约而同地选择用纸笔检测的方式选拔有数理学科特长的学生，强烈的动机、痴迷的爱好、持恒的意志这些拔尖创新人才必备的关键品质，在选拔时被严重轻视甚至忽视。目前的选拔只是在一群善做数理题目的孩子中挑选一些解题高手，那些未来可能精通国学文化、熟悉多国语言、长于艺术、优于运动、善于领导，在众多领域成为拔尖人才的苗子，受单一的数理特长评价限制，现在都还无法进入早期培养的甄选范围。

从教育方法上看，主要是高水平因材施教体系还不能满足拔尖创新人才培养的需要：分类分层的丰富课程体系尚未建立，学生个性与特长成长就缺少适切的土壤；知识本位、教师本位的教学体系仍为主导，探索精神与创造能力的培养就受到限制；刷题为主的学习方式仍大行其道，面对真实情境解决复杂问题的创新素养又如何培养？

总体说来，机制保障要靠制度创新，教育方法要靠专业改进，而打通堵点关键在制度创新。我们认为，有了创新机制的强力支撑，改进培养方法一定会活力迸发、精彩纷呈。

可以说，评价与选拔是拔尖创新人才早期培养的现实堵点，无法打通这一堵点，大中小学衔接的培养渠道就难以畅通。但深层分析形成堵点的问题症结还是对教育公平的片面纠结，是对"唯分数评价公平"的错误固守，是机制创新的力度与我们完成使命的难度之间不相适应，尚有距离！

超越争论,做负责任的行动者

我们认为,对于拔尖创新人才早期培养而言,讨论、争论是正常而有益的,深入讨论是理性决策的前提,争论碰撞也常常让真理敞现,但不能仅陷于无休无止的坐而论道,更应起而前行,做有理想、负责任的行动主义者。有些问题无"唯一解"并不等于"无解",可以用一些逐渐趋近的观点凝聚基本共识,推导"近似解"破解现实"堵点",排定优先事项,明晰行动路线,尽早构建起指导实践的理论体系与护航探索的机制体系。

我们认为,当前的优先事项是研究并尽早出台《关于加强新时代拔尖创新人才早期培养工作的意见》(以下简称《意见》)。文件要从全局上明确指导思想、工作原则以及主要目标,并提出一系列具有指导性的方法,涵盖筛选鉴别、教育培养、升学考试和质量评价等关键环节以及配套支持体系。为确保上述《意见》顺利实施,我们建议以省为单位制定《关于加强新时代拔尖创新人才早期培养工作的实施办法》,实行地域化的"考试评价单元"。"考试评价单元"为特定考试或评价活动提供一个自主设计和运作的框架。在此单元内,评价标准、方法、内容以及实施过程均可依据单元的独特性和需求进行灵活定制和调整。这一做法旨在有效应对教育资源、文化背景及经济发展水平的不均衡,从而规避全国统一评价方式可能带来的资源浪费和不公现象。如每个省份在地域化的"高考评价单元"内构建符合本省实际的高考评价体系。这种多元化评价方案可能包括多种评价方式(如笔试、面试、实践操作等)、多个评价指标(如学科成绩、综合素质、创新能力等)。我国虽然实行统一高考,但各地考生处在不同"考试评价单元"中,不同"单元"之间没有竞争也没有公平诉求,我们提出这一概念,将有助于明晰直接推动与实施拔尖创新人才早期培养改革的责任主体。

在汇集众智研制出台相关文件的同时,要坚持且行且试,积极探索行动路线。

1. 鼓励地方和学校探索创新课程。

我国实行三级课程制度,地方、学校在忠实实施国家课程的过程中,应该立足学生实际,以"创生"为取向建构拔尖创新人才培养的课程体系,学校可大胆探索学程制,综合运用选课走班、小班化等方式,创造性地建立高质量的因材施教体系,保护每一个学生的好奇心、求知欲,敏锐发现学生发展的各种可能性,寻觅并识别不同的"材"。从扬长教育走向优才教育,从显能开发走向潜能开发,正如成尚荣先生所言,"让普通的不普通,让优秀的更优秀"。

2. 建立中国特色的大学先修课程体系。

分析现行普通高中课程方案可以看到,高中

三年学生可以获得至少185个学分,其中必修课程88学分,选择性必修42学分,这样算下来,学校可以自主开发的课程空间有55学分。这个巨大的课程空间常常被学校用来"三年课程两年学,一年复习迎高考",对于拔尖创新人才成长而言,这是巨大的浪费。事实上,北京大学、清华大学、上海交通大学以及香港中文大学(深圳)等顶尖学府,都针对其试点高中推出了大学先修课程计划,南京大学还针对试点学校推出了大学学分认定制度。

我们建议尽快建立高中阶段大学先修课程体系,借助智能化教育平台,开发顶尖学者、著名教授在线课程,为面广量大的基层高中提供高质量的课程载体与现实可行的路径通道。

3. 以"强基计划"考试方式改革为突破口,优化拔尖创新人才早期培养评价体系。

在拔尖创新人才的早期培养与评价体系中,"强基计划"考试与录取方式改革,是具有率先突破可能性与整体推进探索性的至关重要的先手棋。

省级教育行政部门围绕普通高中的培养目标，构建并细化学生综合素质评价的整体框架和实施方案，为"强基计划"选拔具备发展潜力和创新精神的学生提供改革依据。

在"强基计划"的考试方式改进上，工科高校应率先研究发布工程素养评价标准，探索动手实践能力的评价方式，将选拔方式从现在的"纸笔＋面试"方式扩展为"纸笔＋实践考查＋面试"的方式，选拔出真正具备制作制造、创新创意素养的未来卓越工程师。

与此同时，开通国家统一组织的"大学先修课程"考试，允许"双一流"高校根据自身办学特色和专业需求，自主设定科目要求和分数权重。

拔尖创新人才选拔逐渐从简单的总分相加的"全科优秀"模式，走向体现特长、突出单科的"总分优良＋单科卓越"模式录取，如可以制定数学、语文等单科高分加权赋分录取方案。在这一拔尖创新人才培养框架下，高中学校可依据整体框架制定具体的综合素质评价实施方案,建立起更加科学、全面、立体的拔尖创新人才培养与评价体系。

4. 实施"苗圃计划""萌芽计划",构建中国特色的拔尖创新人才早期培养体系。

建议在义务教育阶段全面推进"苗圃计划",面向全体学生,激励发掘潜能。该计划科学教育与人文素养并重,通过出台《加强中小学工程技术教育指南》,整体推进科学教育,强化学生科学思维和实践能力;同时,以经典阅读为抓手整体提升学生人文素养,以艺术体验为载体培育学生想象力,推进"体悟式"学习改变学习方式,充分挖掘课后服务和社会育人资源,拓展教育空间,创设创新人才培育的沃土。

在高中教育阶段全面实施"萌芽计划"。鼓励每个省份成立省级"少年科学院",面向全省高一学生选拔入院,建立高校、科研机构、高新企业以及有关社会机构参与的协同育人机制,实行日常分散指导和寒暑假集中培养,学籍不变,学生研究成果纳入综合素质评价，作为高校招生的重要依据。

5.试点延长义务教育年限，畅通十二年贯通培养体系。

学制改革是一项复杂且系统的工程，它不仅关乎教育内部的多个关键环节，如课程设置、课程标准、教材编制、师资队伍建设、校舍建设以及学校布局等，更与人口变化、财政投入、产业结构、就业压力及法律法规修订等外部因素紧密相连。因此，延长义务教育年限需要充分论证，也要走严格的法律程序。我们呼吁应尽早明确时间节点，并且建议鼓励地市一级在地域化"中考评价单元"内探索取消中考，并试点建立一批十二年一贯制学校，为缓解当前小学和初中教育阶段广泛存在的教育焦虑和应试压力及探索拔尖创新人才一贯制培养体系提供可借鉴的经验。

拔尖创新人才的早期培养已上升为国家战略的核心，深刻影响着基础教育改革的步伐和方向。这不仅是一项关乎国家兴衰与民族未来的崇高事业，更是时代赋予我们的重要使命。我们应怀揣远大理想,以强烈的责任感和使命感为引领,勇于为拔尖创新人才的早期培养注入源源不断的智慧与活力,让每一个怀揣梦想的青少年在肥沃的土壤中茁壮成长,共同为建设创新型国家、实现中华民族伟大复兴的中国梦贡献力量。

3

即席感怀

人生不可假设,但在回顾过往时,可以用"假如没有……"来比较、推想,可能会更让人珍惜拥有,心存感念。

"被需要"是一种幸福,一种责任[①]

大家好!今天这种场面,这种阵势,完全出乎我的意料。原来只听说是给一个惊喜,我最大的想象,不过是会收到一束鲜花或是一册影集,没有想到会如此隆重、盛大、高规模,我完全被这场"惊喜"给震撼了,此刻仍沉浸其中不能自拔。我本想2023年5月退休,安享晚年,在家"躺平"。不料没到5月,自己先跌了一跤提前"躺平"了。"躺平"还没有康复的时候,区委区政府就精心策划了今天这样一场无数细节让我感动落泪、庄严热烈的仪式,我想这不是对个人的礼遇,而是对教育的礼

[①] 2023年6月12日,在省锡中教育集团总校长聘任仪式上发表即席演说。本文根据现场录音整理。

敬，表达着惠山人民尊师重教的一腔热忱。

原本没有准备讲话，刚才坐在书记身边，有三个字突然间浮现在我脑海，这就是：被需要。我对"被需要"的理解，正如埃里希·弗罗姆所说，被需要的感觉是幸福的重要源泉。40多年一路走来，正是这三个字激励着我，让我能为他人做一点事情，让我在此过程中不断确认自我价值，从而获得幸福体验。

今天特意请来了我的许多老学生，看到你们我不禁想到了自己的学生时代。自小学一年级上第一节体育课被老师从队伍里喊出来以后，我这辈子便没再上过体育课。也是因为身体的原因，没有拿到高考录取通知书，此后的招干、招工又一次次因身体条件被淘汰出局。

可以去想想，当一个17岁的少年，不知道未来该干什么，完全被这个社会"不需要"的时候——那种痛苦、那种无奈、那种孤寂，那种"不被需要"的感觉如毒蛇一般，缠绕着我。幸好有一群落榜的小伙伴，经常陪伴我、安慰我。安慰的话说完了，我便向他们传授一些复习的方法。于是我的价值第一次被人们看到，于是有领导就说："其实你也可以到学校来当老师。"

我还清清楚楚记得第一次走上讲台，第一次看到学生们齐刷刷站立向我鞠躬、问声"老师好"的情形。我第一次在那么多向我致礼的目光中读到了"被需要"，读到了我的价值。从那时起，我认定要以全部激情投身于教师这份职业。人的幸福其实来自你发现了自己的价值，来自确认自己可以对他人有所帮助。我觉得，生命舞台就在讲台上，生命价值就在于用我所能付出的一切，为每一个孩子托举起一片成长的天空。

我从来没有想过有一天我会做校长，因为我觉得以我的自身条件和素养根本不符合当领导的基本要求。直到2006年，在锡山高中发展的关键时期、在我已经做了8年副校长之后，历史把校长这副担子压到了我的肩上，我再一次"被需要"。

因为这样的"被需要",我们在前人的基础上,开始了17年的艰苦努力。

在学校发展中,我感受到,肩上的使命与责任,更多源自于对匡中百年历史的感悟,对教育现状的忧思,以及对育人价值的坚守。

我越来越认识到,我们不只是办一所升学率可以跻身全省前列的名校,更要为中国高中根本问题的解决探索一条可行的路径:如何才能不折不扣地落实国家所倡导的教育方针?如何才能把国家所擘画的教育蓝图变成校园里生动的现实?如何才能把家长们对好教育的期待变成孩子成长的蓬勃气象?

中国高中教育要发展,必须把理想转化为现实,必须把握好当下与长远的平衡,这是国家的需要。我在中学校长里有一个独特的身份,是国家《普通高中课程方案》设计专家团队核心成员。如果国家的课程方案,在参与制订者领导的学校里面都不能够得到全面的执行,我们的教育还有希望吗?所以,立德树人、素质教育、核心素养,在有些地方可能是会上说的、文件里写的话，而在锡山高中，必须是一条条、一件件落地落实的行动：我们既要保持朝着理想的方向行进，又要得到社会现实评价的认可，进而在这种艰难的平衡当中稳稳走出一条普通高中转变育人模式的可行路径。

2022年7月，教育部组织了"教育这十年""1+1"系列新闻发布会，在全国一万五千所中学里选了锡山高中作为代表，向全国高中展示这十年高中发展的风貌。我曾向教育部有关领导探问选择锡山高中的原因，他们的回答显现着一种全局性的判断：锡山高中是全国县域高中的典型。锡山高中面临的教育压力、升学压力，和全国大多数县域高中所面临的情形基本相当，甚至有时压力更大，但是锡山高中探索出来的经验、做法具有代表性，能够在全国其他地区推广。锡山高中为我们展现了"坚守理想，面对现实，办出特色"的一个中国高中教育现代化的典型样态。这也许就是我们锡山高中所有努力的价值所在，也是作为这一时代高中校长"被需要"肩负的使命所在。

今天,我们迎来了省锡中教育集团的成立。面对时代需要,面对我们惠山经济社会发展需要,我再一次站在这里。我想表达的是,既然再一次"被需要",就应该思考如何担负起这份荣誉赋予的使命。

下面,简单谈谈一些不成熟的想法。

省锡中教育集团是一个全新的组织。无论省锡中教育集团怎么办,在我的心里首要的一条,就是一定要把锡山高中办好!没有锡山高中,就没有集团;没有锡山高中持续、稳定的发展,也就不会有我们惠山教育高质量的发展。

教育集团运行是一个有待探索的新模式。刚才区长已经向大家介绍了集团发展的构想,全面而翔实。坦率地讲,我这段时间还没有理出工作思路,只是想集团性质应该是基于匡园文化的价值联盟校,应该是有利于资源配置的发展共同体。集团应该多做一校之力难为、多校合力可成的事,而不是去做些学校做得了、做得好的事。关于集团定位，我想大致应该如此：集团不要成为"局下之局"，不要试图成为一级行政机构，教育局依旧充分行使对所有集团成员的行政管理权，指令该怎么下达还怎么下达，没有必要在集团这里绕个弯、过一层；集团也不能成为"校上之校"，不要试图成为学校的上级部门，各成员校都是独立法人，学校领导该怎么办学还怎么办学，无论是法理还是情理，都没有必要向集团请示、汇报工作。

我这个总校长，不是单一法人教育集团的总校长；今后我在集团的工作，更多是心系匡园，而不是身临其境，更不可能返场参赛。我的身份更多的是一种品牌代言人，更多的是一种价值引领者，更多的是一种专业服务员。亚里士多德说："幸福是把灵魂安放在最适当的位置。"我想这也是关乎集团发展与自我幸福的重要原则。我将清醒坚守"引领而不是指令，服务而不是管理，建言而不是决策"的工作定位，努力做到"帮忙而不添乱，尽心而不越位，切实而不虚浮"，努力成为大家"用得上，靠得住，帮得实"的老参谋。只要"被需要"，一定发挥余热，再作贡献！真诚地感谢大家！

今天,我们一起毕业[①]

谢谢同学们,谢谢各位同事!

如果说此刻还不是很激动的话,那一定需要强大的情绪自控力,而我早已经被大家的热情感动不已。这几天,我在为今天到场的470位男生、404位女生逐一签发毕业证,这也是我当校长17年来最后一次履行校长的职责。一个人坐在书桌前,默默地看着每一张熟悉的面孔,算是与你们进行一次心灵的晤谈。毕业之际,校长无以相赠,把亲笔签名的毕业证留给大家做个纪念吧。

[①] 2023年6月20日,在锡山高中2023届学生毕业典礼上发表即席演说。本文根据现场录音整理,《中国教育报》刊发部分内容。

孩子们，你们许多人是 2004 年出生，属猴；还有差不多一半是 2005 年出生，属鸡。我比你们"小一岁"，是 2006 年狗年担任的校长，到今天也 17 年了。今天是你们的毕业典礼，也是我的毕业典礼，我们大家今天一道从匡园毕业了！

这 17 年，我们只做成了一件事儿，那就是把锡山高中变成了一个响亮的名字，让你们每个人拥有了锡山高中学子这样骄傲的身份！无论到哪个城市去，判断学生对学校的身份认同感，有一种直观的标准，就是看那所学校的学生愿不愿意穿着校服走在大街上。今天匡园校服已经是你们自豪身份的标志，今后你们也会带着匡园的文化印记，行走在人生的各种场合。我想世界各国的学子之所以要选择上名校，一是因为那里有良好的教育环境，名师汇集，让我们心生向往，但更多的是对这个学校的文化价值的认同与崇尚，是认可这个教育品牌涵育教化而形成的、体现于个体身上又显现为群体特征的毕业生形象。正因为毕业生的价值取向、行事风格和个人教养让社会赞赏，才让所有品牌持有人感到由衷自豪！这一点，在大家共同的努力下，今天我们做到了！而实现这一点，回首过往也还真是不容易！

同学们，一晃三年过去了。

这三年，我们在抗击灾疫的过程中深切感受家园的亲情，真切感受校园的真情，我们怀抱着人间的温暖。

这三年，学校也成功跻身江苏省高品质示范高中 G20 创建学校行列，并首批通过挂牌验收。我们在共同亲历创建的过程当中，更深刻地理解了"有作为才会有地位"的道理。

这三年，我们更在"十个百分百行动"中，一次一次去刻画我们属于未来的形象，将我们塑造成为终身运动者、责任担当者、问题解决者和优雅生活者！

同学们，我在 17 岁那年，因为身体条件限制没有进入大学，而是走上了讲台开启从教的生涯。

一晃43年过去了，在60岁这个时间节点上，我更加深刻地体会到："四个者"其实不只是一段青春奋斗的目标，更是整个人生都应致力追求的理想人格。因为就一个人一生的幸福而言，最重要的并不是财富和地位，而是自身的核心素养或者优秀特质。那就必须拥有健康的身心、高尚的品格、创造的智慧，也必须拥有让人愉悦的审美情趣。这是叔本华所讲的"影响人幸福的重要方面是'内在的美好素质'"，也是罗素所讲的"奠定一个伟大人格的四大基石"，也是尤维纳利斯所讲的"一个幸福的人，最简单的就是'健康的身体加上健康的心灵'"。

正因如此，今天我们把中国女排的朱婷队长请到了现场，她是"四个者"完美的代表。朱婷出生于河南农村，一路走来为我们树立起了人生的榜样。让我们向朱婷队长致敬！她是终身运动者，她是责任担当者，女排体现了我们民族的精神；她是问题解决者，她们解决了无数个难题；现场大家看到，她也是优雅生活者。

同学们，我们的校主匡仲谋先生每到学生毕业时，会编纂一本书。今天，我拿的这本书就是100年前匡先生在毕业典礼上赠送给学子的，这是一本人生格言的汇编。我虽然是学语文、教语文的，但还是缺少匡公的功力，不能为每人编一本人生锦囊，以便你们在人生前行的路上，随时取出来，指引大家去寻找那个陪伴自己一生的良师和永不背叛自己的朋友。我就给大家推荐三本书，虽然许多同学可能已经读过了，但我还是要给大家再推荐一遍。

第一本书是叔本华的《人生的智慧》。这是一本经典的人生格言汇编。叔本华是悲观主义哲学家，更是一位教育家，他以"优雅的文体"探讨人生原则，对人生许许多多的道理都作了非常通透的阐释。尼采曾经说过这样一句话："在读完叔本华著作的第一页以后，我就知道得非常清楚：我要把他写的所有东西都读完为止；他说的每一个词我都要听。"当然以后有志于研究哲学与社会科学的同学，还可以去读他的《作为意志和表象的世界》。

第二本书是钱穆的《人生十论》。钱穆是我们无锡的一位大家，也曾是我们匡村中学的校董。这本书汇集了他所作的三次演讲，讨论"人生三路向"和"人生三步骤"，通过对比"身生活"和"心生活"，告诉人们除了物质与事业，也要关注"德性境界"。物质生活只是人生的基础，真正的自由在于回归内心的道德完善。当然，接着你们还可以阅读他的《中国文化精神》《中国思想史》等书。

第三本书是徐扬生院士的《摆渡人》。徐扬生院士是香港中文大学（深圳）的校长，也是锡山高中的老朋友，多次来过匡园，对我们学校推动学生阅读的做法评价很高。徐扬生院士是人工智能方面的专家，他将许多人生故事和人生感悟结合起来写了这本散文集。书名字体采用他的书法，插图也是他亲自设计，体现了科学与艺术的完美融合。书里边的《旅人》《摆渡人》等篇章，你们进大学之前读一读，相信会对你们的人生有更多的启悟。如果读完徐院士的这本书还不满足，那我建议你们去读一读张克澄先生所写的《大家小絮：风骨清华人》，去看一看我们中国像钱学森、华罗庚、陆士嘉那样的老一代知识分子，他们怎么做学问，怎样看人生。

我还要给你们布置两份作业。你们会认为，经过12年，终于有一个不用做作业的暑假。但是作为校长，我还是必须给你们布置作业。我觉得，如果锡山高中没有让你们完成这些作业，会成为我们教育的一大缺憾。

我看你们874位同学里面，江苏籍的占71.8%，还有106位是安徽籍的，有20位是浙江籍的，许多同学从小生活在中国东部地区。我为大家布置的第一份作业：这个暑假，你们不能仅仅以游客的身份饱览祖国的大好河山，还应该以一个社会研究者的姿态，去走进中国偏远、贫穷的地区进行社会调查，感受中国之大，感受民生之艰，感受有多少问题需要你们去面对和解决，去担负起你们这一代人的责任。中国式的现代化，是共同富裕的现代化，是面向所有地区的现代化。对这一国情，大家应该用脚丈量，以身亲历。

今年大学生就业尤其难，当你们兴高采烈地拿到大学录取通知书的时候，你们就要想想4年之后能不能就业。因此，我布置的第二个作业是，在今年暑假去为自己"谋取"一份工作，去赚取养活自己一个礼拜的薪酬。

同学们，无法想象，你们今后会在一种工作岗位或一个事业领域内从一而终。人生的路径其实是无法清晰规划的，但是人生必须要有追求。钱穆先生曾经说，人生就是一种向往，我们不能想象一个没有向往的人生。我的向往，就是用我们的努力，以我们的善良和智慧给世界带来一点向善向上的变化，让这个世界变得更加温暖、更加美好。

同学们，我们一道毕业了。大家毕业去上大学，一定会非常关心我"毕业"了以后去干什么。叔本华说："闲暇是人生的精华。"如果每一天都可以对着太阳宣布，"今天的这个日子属于我"，那也是幸福的存在方式。但，这不是我真正的向往。我最大的向往是在我"毕业"之后，弥补我一生的欠缺——上大学。我会以一种特殊方式选择一所大学，在大学里生活一段时间，在大学文化里浸泡一段时间。那时，我可以自豪地告诉你们，我也上过大学；或有一天，我会出现在你们的大学里，和你们成为同学。

同学们，最后我们来做一个约定。2027年10月，你们大学毕业那一年的国庆节，就是我们学校建校120周年的日子。我们一起来说一句：相约2027年，相逢匡园双甲子。

谢谢！

永怀感恩①

还是这个会议室，还是这个时间点，2006年8月11日，时任区委书记宣布校长任命的场景就在眼前，历历可见，而今整整17年一晃就过去了。相同的环境，不同的内容，很容易让人百感交集。昨晚，曾预备为今天的离任会议发言打个腹稿，不料思潮如水，汩汩滔滔，漫溢开去，竟理不出个头绪来。后来作罢，想着还是到现场再捕捉此情此景的感受，相信一定会有词句从心底奔涌而出。的确，这一刻奔涌而出的是四个字——永怀感恩！

感恩历史给了我担任锡山高中校长的机会，感

---

① 2023年8月11日，在离任仪式上作即席发言。本文根据现场录音整理。

恩惠山人民给我的厚爱。如果没有历史给予的机会，我可能成为一个有些影响的教师，但不会成为一个有所作为的校长。人总是在平台上展现能力的，有位才能有为。今天能做出一些事，首先应感恩为我搭建平台的这片土地上的人们！

感恩锡山高中的学生们！他们热爱学校，认同学校的文化理念，以自身的努力与付出，实现了学业与学术、品性与品位、适应力与胜任力之间的平衡。他们既追求卓越的学业表现又赢得全面发展的生动事实，充分说明现今的普通高中学生，实现充分运动、积极参与公益、完成经典阅读与取得满意的学业成就，是可以兼顾而并非彼此对立的。如果没有他们的卓越表现，我们提出的涵育"四个者"的教育主张都只是口号，只是宣示，而不会是让社会认可的锡山高中毕业生形象，不会是让同行认可的锡山高中的教育实践。从这个意义上讲，是学生成就了学校，也成就了校长，我始终以学生为荣。

感恩锡山高中的老师们！我一直说锡山高中教

师是天下最好的一群老师。他们每天很早来到寄宿制的学校，许多班主任在查完学生宿舍就寝之后才回家。他们坚守着教育的良知，设身处地为家长着想，先家长之忧而忧，先家长之乐而乐，成为学生生命中的恩师，成为家长情感中永远可依靠的亲人。教师群体整体的师德境界与学问水准，奠定了锡山高中教育的高度。校长无法直接发展学校，只能通过发展教师发展学校。对学校发展而言，教师第一。

感恩惠山区委区政府的大力支持！历任区领导，他们关心教育、重视教育，不仅说在报告里、写在文件上，更是落到学校发展的关键处，落到"真金白银"的支持中。这些年来，区级财政再紧，从没有让锡山高中办学经费吃紧；区里发展再难，从没有让锡山高中事业发展为难。大家想想看，无论是我们创设江苏省九大课程基地，还是创建江苏省高品质示范高中，还是争创国家级双新示范校，没有历届区委区政府的重视支持、投入扶持，哪能有今天的发展？历届区领导说过的那些话语，质朴实在，高瞻远瞩。此刻，我愿意重述那些温暖过我们无数次的话语。他们说，"要围绕着办好锡山高中办人民满意的教育，锡山高中兴则惠山教育兴，锡山高中衰则惠山教育衰"。他们说，"办学校要靠教育行家，不要只抓分数，关键的是教会学生做人做事。对政府而言，支持教育千万条，关键是一个字：钱"。他们说，"锡山高中是惠山的金字招牌，也是惠山的发展环境，要像爱惜眼睛一样保护锡山高中品牌"。

感恩我们学校的校友、学生家长和社会各界！这些年来，他们不仅仅是在物质上支持锡山高中的发展，更多的是在精神上认同锡山高中的文化追求。许多家长在锡山高中当年还处于艰难境遇中时，毅然选择了锡山高中。他们说："把孩子送到锡山高中来，就是认同你们的办学理念，办良善的教育，培养良善的人。""我们看好锡山高中，是因为你们能够培养人格优秀的孩子。"一所著名大学的招生专员，鼓励我们着眼于长远，坚持走正确的路，一定会人才辈出。天山脚下、南海椰林，不少学校将"阳光、担责、创造、优雅"定义为他们学校的学生品格。无论是100年校庆"致敬校主"、110年校庆"温暖回家"，还是取得一点儿的进步和成绩之后，我们都得到了社会各界的慷慨支持。数以亿计网友，他们的点赞与转发，形成一场全民参与的"四个者"的大讨论，广泛凝聚了社会共识，逐步清晰刻画出未来学生的精神长相。无穷的远方，无穷的人们，都在我感恩的名单之中。

感恩组织上对我的理解！我一生最大的遗憾是没有念过大学，没有在大学文化中浸润过，退休之后，总想弥补这种遗憾。从今年2月份开始，上级领导多次专题探讨在我退休之后如何继续发挥余热的问题。我的想法是，历史总要向前发展的，干部也总要在岗位历练中成长。不在其位，难谋其政，难长其才，难成其威。没有朱士雄校长、厉墨龙校长给我留下历练的机会，也就没有我今天所谓的"丰富经验"。发挥余热可以有多种途径，而让出位子是对自我也是对事业发展最负责的选择。有了位子，有了岗位，未来锡山高中的领导人物才能历练成长，才能带领学校走向2049年。

永远感恩曾经滋养我成长的那些校长、领导！无论是我未曾谋面但无数次精神对话的匡仲谋校主、殷芝龄校长、毛西泠校长等等，还是一手培养我成长的祁士清局长、黄宪辉局长、杨新伟局长，更有耳提面命的朱士雄、李保成、厉墨龙等老校长，这17年来，他们的眼睛一直在历史和现实中注视着我，我不敢有丝毫懈怠，已然竭尽全力。我也相信，这17年没有辜负他们的培养。

永远感恩雷震校长和在座的各位同事！17年的朝朝暮暮，17年的苦苦乐乐，一起写进了锡山高中的百年历史，也写进了我们的生命年轮，成为我们最值得回味的美好记忆。前路方长，责任更重，唯有你们接续努力，我们才会真正建成具有现代品性的中国高中！

又说多了，谢谢！

阅读人生的四条感悟[①]

同学们好!久违了这样上课的仪式,多么熟悉而温暖的场景!很高兴在你们毕业之际,应邀再上一节"阅读课",找寻讲课的感觉。遗憾的是,时间有限,无法与同学们互动,只能一讲到底。

阅读,其实绝不仅仅是解答高考"阅读理解题"的一种语文能力,更是一种面向未来时代的关键能力。在人工智能已经到来的时候,有何知识并不能稳定地决定人生高度,而从何获取、如何获取知识才持续影响人生水平。学习力在我看来,最基本的就是阅读力。阅读还是一种生命方式,人的所有技

[①] 2024 年 6 月 22 日,在锡山高中 2024 届高三毕业典礼"校长阅读课"上发表演说。本文根据现场录音整理。

能与爱好，能伴随一生不离不弃的不多，阅读就是其中一种。美国学者吉布森和利文，曾提出阅读的本质是从文本中提取意义的过程，这一过程不仅包括符号转换，也需要建构意义。也有学者指出，我们这个世界赖以继续生存下去的条件，就是需要人们阅读并理解不同民族、不同文化、不同的人发出的各种文本和信息，避免误读误判，避免导致人与人之间的矛盾、文明与文明之间的冲突。从这个意义上来说，阅读还是一种世界观，是指导我们如何理解他人、处理与他人关系的一种方法论，是关乎人幸福的人生哲学。

在你们走出高中前的最后一节课上，我想重点谈谈阅读的定义。真正意义上的阅读，其实不是我们日常训练的那种，面对阅读题目以"寻读"的方法去给出一个个标准的答案。真正的阅读没有题目，只有读者的心引领着视线从文本上掠过。当读者的视线与文本的期待碰撞时，阅读发生了。阅读不是为了探究正确的解释，而是要在对话中获得意义的建构。一千个读者心中有一千个哈姆雷特,你心中的感悟就是阅读建构的意义。阅读是把生命摆进去,与文本进行对话,最后使人的生命不断提高的一个过程。

我退休以后,阅读文本、阅读人生,有了更多的经验和体悟。我想和大家分享四句话:

第一句话,定义问题而不要抱怨命运。人一生中会不断遇到各种各样的问题,像我在17岁遇到的问题就是不能被大学录取。如果我们就此抱怨人生,抱怨命运,那么命运就会在一次又一次的抱怨当中滑向消极的状态。面对百年未遇的变局,面对人工智能将要开辟的人类新时代,你们这一代面对的问题可能要数倍于我们。我们要不停地去定义问题——我们面对的问题真正的本质是什么,然后再一个一个解决这些问题。在解决问题的过程当中,我们的人生就会发生一种转向。这可能是这个多变的世界给我们带来的唯一确定性,那就是我们要不断地拥抱不确定性。

第二句话，尝试行动而不要总是梦想未来。在此我一定要告诉大家，人生要防止一个词——"万一"。什么叫"万一"？是概率很小很小的一种可能性。我们在思考人生的时候，要敢于去冒险，敢于去突破，敢于去创造，不要因为担心"万一"而失去了人生大有希望的9999种选择。回顾过往，我觉得对我帮助最大的一句话是"走进陌生"。"走进陌生"有时是对"舒适圈"的超越，体现着对更美好的追求；但更多时候是生命的突围，需要将生命意义定义于对前方的追求，需要能承担起风雨的冲刷。正因为有这句话的激励，我才可能来到陌生的江南；到了60岁之后，还有勇气去深圳开启"返场事业"。我预计，你们的人生绝不会是上大学、找工作一次完成，无数的机遇、无数的人们，都在前面等着你们，你们必须有勇气、有实力"走进陌生"，承担风险，开创未来。

第三句话，管理自我而不强求改变他人。1927年我们学校第一次提出培养"四个者"，其中第三个"者"就是"自治治人者"。"自治"是自我管理的能力,"治人"是社会参与的能力。人生能否成功,关键看把自我管理得如何。能够很好地管理自己,就一定能够管理出好的人生。管理自我重要的是管理自己的情绪。管理情绪不是说不要发火,不要愤怒,而是让我们每天都有一个好心态,并为身边的人提供积极的情绪价值。朗朗地看着天空,相信每一个日子都会比昨天更好!每个人都有管理自我的任务,要改变他人其实是很困难的,要改变这个世界也是很困难的。世界上许许多多的问题,就源自某些人总想改变他人的世界,而不管理自我的世界。许多夫妻一辈子想改变对方,结果争吵了一辈子,到晚年终于容忍了对方,说"好啦,就这样,就做我的老伴吧"。这就是人生——适应,接受,影响,但不强求改变。这是我的一种人生态度,也是我最近一阶段的阅读体会。

最后一句话,从容思考而不急于判断。我们都生活在一个碎片化的社会里,每天都有一些让我们意想不到的奇闻，每天都有让我们大惊失色的异事，让子弹飞一会儿，给思考留一些长度，让自己的心态多一份从容。因为理性从来都是要经过思考的深度和时间的长度相叠加才能形成。

马上要到大学去了，保持你们的那份初心与热爱，在这四个方面着力。我所说的定义问题，就是要增强你们人生的引领力；我所说的尝试行动，就是要增强你们人生的行动力；我所说的管理自我，那是强调你们人生的自制力；我所说的从容思考，那是强调你们的思考力。我想，有了引领力、行动力、自制力和思考力，你们一定会如刚才年级同一首歌里所唱的，"拥有无限的星辰大海"！

下课，同学们再见！

带上惠山的两张名片①

今天,区委、区政府在这里举行别开生面、隆重热烈的仪式,为通过 2024 年高考,即将跨进大学校门的惠山学子送学。在我的记忆中,惠山设区 25 年来,这样的仪式尚是首次。

昨天,在北京向教育家顾明远先生致敬,明天早上 6 点多的航班又将飞往深圳参加大学迎接新生的活动。在奔波的旅程中,我一直在思考:举办这样的送学仪式有何深层考量?我在这庄严的仪式上,又该讲些什么?直到刚才看见大屏幕上"从惠山走向世界,向世界展示惠山"的主题标语,我才

---

① 2024 年 9 月 1 日,在 2024 年惠山籍大学新生送学仪式上发表演说。本文根据现场录音整理。

找到了今天演说的主题。

"从惠山走向世界,向世界展示惠山",这不是简单的宣传语,而是揭示了这次活动的深远考虑:惠山对未来人才的热忱期待,已然提前为送君入学时的殷切嘱咐,在你们预备离乡求学的时候,你们的身影已经进入了惠山吸纳人才关注的视野!此情此景,不由让我想起近百年前,匡村中学校主匡仲谋先生送秦含章先生去比利时留学,码头惜别时所殷殷嘱咐的八个字:学成归来,造福桑梓!

历经12年基础教育,明天大家要启程上大学,踏入人生做学问创事业的新历程。在这个转换节点上举行送学仪式,似乎是提醒同学们思考这个节点上应该思考的两个问题:我们应该带着惠山什么样的精神气质走向世界?我们又应该用什么样的风貌气象向世界展示惠山?

大家长期生活在惠山,可能对这片土地太过熟悉,乃至对发生在这片土地上曾经创造或改变了历史的一些事件,在感觉上没有对陌生的东西来得敏锐和深刻，甚至缺少深入琢磨它们的激情。但从人的成长角度看，故乡的物物事事都是滋养我们的宝贵精神资源。也是基于这样的考虑，锡山高中每栋学生宿舍楼都用惠山古镇古村落来命名：女生的宿舍楼叫礼舍、杨墅，男生的宿舍楼叫村前、长安。我们希望日日生活于此的锡山高中学子，如在蓉溪安阳，常念方桥柳影，不忘桑梓，景仰先贤，能够在对前人的敬重中成长为让后人敬重的一代乡贤。

从惠山走向世界，大家一定要带上惠山给予你们的两张精神名片、两笔精神财富。

第一张名片，是天上村前的胡氏三杰。

1902年，惠山先贤胡雨人先生明察社会变革的大势，在清廷科举未废之时，慷慨捐赠义塾义庄百余亩，在家乡村前创办了第一所公学。在这所乡村公学里走出了"一门三博士"，也就是后来对中国现代自然科学教育发展产生巨大影响的"胡氏三杰"。"胡氏三杰"在我国现代自然科学教育领域具有开创性、奠基性成就，标志着惠山人学问境界所达到的高度，他们是值得我们景仰的巍峨昆仑！

大家应该记住这些闪闪发光的名字：

胡敦复，1886年的3月19日出生在天上村前。他是清华学堂的首任教务长，曾经开办了素有"北南开、南大同"声誉的中国第一所私立大学——大同大学。他精通数学、物理、化学、生物，在国内第一个发表了关于生物分类的论文，在上海被称为博学的大先生。他曾主持铨选仅有的三期庚款留美学生工作，我们今天所熟知的梅贻琦、竺可桢、胡适等民国时期的大家，都曾受惠于他。他编写了自然科学的课程标准，主持编撰了普及性的数学教科书以及微积分、高等数学分析等方面的教材，开启了中国基础教育关于自然科学学科的整体性实验。

胡明复，胡敦复先生的二弟，比胡敦复小5岁，1891年5月20日出生。他在上海南洋公学堂也就是上海交通大学的前身读书，入学时以优异成绩考入了"特殊班"——大概相当于现在的强化班或者重点班，这个班的"班主任"就是"北大永远的校长"

蔡元培先生。他在蔡元培先生的教导下，后来考取了赴美留学生。胡明复先生在美国康奈尔大学读书时，班上有两位鼎鼎大名的同学：一位是语言学家、后来成为"清华四大导师"之一的赵元任；一位是新文化运动的领袖人物胡适。学数学的胡明复与搞新文化的胡适曾以新诗相互调侃，今天读来也感慨良多。人越是往高处走，就会结识越多大师，交往濡染中便自然增长了见识、拓宽了视野、宏阔了格局、提高了境界，这便是读大学、读好大学的价值。胡明复后来考入哈佛，成为中国第一位现代数学博士，博士论文《具有边界条件的线性积分——微分方程》是中国人在国际主要数学杂志《美国数学学会会刊》上最早发表的文章。他和哥哥胡敦复一起审定并统一了自清以来如零、序数、约分等数学名词共3426条。著名数学家陈省身教授曾评价，20世纪初期中国数学在世界有重要影响的两位先生，一位是胡明复先生，另一位是姜立夫先生。值得一提的是，姜立夫先生是浙江人，却是惠山堰桥的女婿——胡明复先生的妹夫,这在当时传为佳话。现在北京大学鼎鼎大名的数学家姜伯驹教授,是姜立夫先生的儿子、胡明复先生的外甥。这样的家学渊源、人才辈出,真是让人敬慕。

胡刚复,比胡明复小10个月,1892年3月出生。他是第一批庚款留美学生,就读于哈佛大学物理系,是获得哈佛大学物理学博士学位的第一个中国人。他是中国物理学的奠基人,为我国多所大学创建了物理系、理学院,创建了我国第一所物理实验室,是把实验这种教学形式引进中国的第一人。他一生从事教育事业,为共和国培养了吴有训、严济慈、茅以升等一大批杰出的科学家。

我不知道中国今天还有哪一个家族,对中国的自然科学发展和教育事业作出了如此重大的贡献,所以我一直呼吁要抢救保护、开发天上村前。我相信总有一天,会有许多人前来向"胡氏三杰"致敬,因为这里是中国现代基础教育"数理化"的发源地。我之所以详细地、不厌其烦地介绍"胡氏三杰"的生平，就是要你们记住中国数学学会的创始人胡明复，中国物理学会的创始人胡刚复，都是从你们生长的这块土地走出去的。我去上海交大附中校史馆参访，进门一看，竟遇到了一张张熟悉的面孔，那种同在村前办学的地缘自豪感油然而生。你们进了大学后，如果和教授谈及这几位中国现代科学先行者，可以自豪地说：我也是惠山人，是胡刚复、胡明复、胡敦复先生的同乡！我这样说，不是让你们仅仅以同乡的身份来称说自己，而是为了激励你们在学业上努力达到他们那样的一种高度。今天的教育，都在呼唤拔尖人才、杰出大师的涌现，"胡氏三杰"就是顶级的拔尖人才，体悟他们做学问的精神与方法，就能找到通往大师的路径。

诞生于惠山这片土地上的无锡第一家也是中国近现代第一家公学，养育了"胡氏三杰"，也培育了大批精英。翻开中国人才成长的版图，人才密集处，一定有一所伟大的学校！说起来，你们也是在惠山的"公学"中成长的，应该感恩惠山人民的哺育深情！在惠山，以公立学校为主体的办学体制下，全区人民纳税所累计的财政收入大约 30% 投入教育，我所了解的惠山高中生人均教育经费标准远远超过许多一线城市的标准，甚至可以达到两倍。我们只要粗粗地算一笔账：享受同等的教育资源，包括校舍、设施与优秀的师资，如果换了是民办高中，我们每个家庭支付的教育成本会是多少？我真诚希望同学们记住惠山人民的付出，记住惠山前贤，记住他们所达到的学问高度，进了大学，以学术立身，以研究立业，朝前方走，往高处行。

第二张名片，是堰桥乡镇企业的"一包三改"。

惠山是一片育人的沃土，也是一片创业的热土。无锡有"中国乡镇企业发源地"的美誉，这里的"无锡"其实说的主要就是无锡惠山。刚才同学们参观了"一包三改"纪念馆，有关惠山堰桥乡镇企业第一代企业家创业的故事，我不想再多说。我要说的是他们的创业精神，以及这种精神对我们的启示。

中国这 40 多年之所以发生如此巨大的变化，

就是因为当年的这一群人有胆量，肯改变。这里我们有必要重温一下"一包三改"是哪"一包"、哪"三改"："一包"指乡镇企业经济责任承包制，"三改"指改干部任免制为选聘制，改工人录用制为合同制，改固定工资制为浮动工资制。每次想到"一包三改"的时候，都觉得有一种莫名的历史冲突在震撼着我的心灵。当年的这群人，他们所有的努力就是把固定的、僵化的约束打破，释放那种灵动、自由的活力。

我现在所担心的是，今天很多人从选择专业开始，追求的最高境界就是体制内的稳定，宇宙的尽头是考编！当年那一群人用丢掉体制内身份这种壮士断腕般的勇气去改变世界，而今天的我们却千方百计地去追求一个固定的身份、一个打不破的饭碗，这究竟是历史的进步还是退步？当这样的一种转向成为年轻人群体性选择的时候，我们这个时代是否还能再涌现出一批勇于"下海"的弄潮儿？更重要的是，这种群体性选择的背后，是否有干事创业价值崇尚的跌落？是否有勇闯天下激情的消退？还应该指出，当我们一窝蜂地试图挤进体制以图安稳时，也许正是这种安稳的体制需要变革的时候，这种安稳能否翼护终身，本身就是一个需要用历史眼光思考的问题。

同学们，你们是带着惠山的血性走出去的一群大学生，应该用自己的生命去体验写在纪念馆里的"四千四万"的含义：什么叫"走遍千山万水"？什么叫"说尽千言万语"？什么叫"历尽千辛万苦"？什么叫"想尽千方百计"？如果我们现在所有努力都是为了避风险、求安逸、求安稳，我们还会开创另一个新的时代吗？我们还能向世界展示我们惠山人干事创业的精神气质吗？

说了这么多，想用两句话总结。同学们，不要忘记了胡氏"一门三博士"，那是惠山给你们做学问的高度与境界；不要忘了"一包三改""四千四万"，那是惠山给你们干事业的精神与激情！带上这两张精神名片，你们就有了求学创业永不枯竭的精神动力,就可以自信地走向未来。

前些日子,到剑桥大学开会,我在国王学院那座气势恢宏的哥特式礼拜堂旁的中庭大草坪上,看到了一条标语,非常有召唤性、力量感,在此与同学们作一分享,也正好可以表达对你们创造未来、书写历史、向世界展示惠山的期许。

BE PART OF INVENTING THE FUTURE!

我们一起,参与创造未来!

谢谢!

母校，是心头永存的温暖[①]

尊敬的各位校友、各位同学，敬爱的老师和各位嘉宾，今天是一个注定要载入史册的日子，时间让我们有幸站在了洛南中学两个百年交汇的节点上。看着今天这盛大的庆典，看着这熟悉的东寨坡上的一草一木，我不禁在想，将以什么样的身份向这片我生活过的校园献上我的深情与祝福！

我的中学阶段是在灵口小镇上度过的，那里是我中学的母校，但是洛中是我的"大学"，是另一种意义上的母校。1980年11月，恰是在今天的日子，我第一次走进了这个校园，开始了整整13年的生活。

[①] 2023年11月19日，应邀在陕西洛南中学百年校庆上发表即席演说。本文根据现场录音整理。

在这里，我遇到了敬爱的王维鼎校长，他拿了他的餐票给我，指引我到食堂里去打第一餐饭。他告诉我，到了学校就是要当一位老师。王校长哪里是给我一餐饭票，分明是给我一生赖以立身的餐券。在这里，我遇到了敬爱的梁礼周校长。在一个风雪交加的夜晚，在听我上了一节辅导课之后，他毅然决定让我走上高中毕业班的讲台。看到我胆怯、退缩，他说，就是用教鞭赶也要把我赶上讲台。没有王校长当年的指引，没有梁校长的鞭策，就不会有我今天的一切。

我们知道，要当一位老师，必须要学习三种必备的知识。第一种是本体性知识，那是上师范院校的老师们，通过中文系、数学系、外语系等所获得的专业知识，而我没有。来到洛南中学的时候，我的学识与学历仅仅是高中毕业。为了弥补这一本体性知识欠缺，就是在这操场前面的一排小平房里，从 1982 年开始，整整三年时间，我用一个老式的收音机收听中央广播电视大学的课程，学习系统的专业知识。后来我去北京，沿长安街西行，远远看见过中央电大的校牌，却没有多少激动，因为我的"大学"不在复兴门，在东寨坡。

当老师是要有条件性知识的。我的条件性知识的学习，是在那个现在已经被拆掉的图书馆里，向程莲芳老师、寇淑慧老师借《人民教育》《教育理论与实践》杂志，一页一页地翻，一页一页地啃。

当老师是需要有经验性知识的。我在语文组碰到了一批又一批指路的导师们。刚来学校的时候，梁礼周校长安排我跟着李周济老师，后来我跟过孙权鑫老师、方忠铭老师、王毓敏老师、党广昕老师等等，他们都给我以恩泽，给我以教诲，我永志不忘。

我是17岁走进这个校园的，"大学毕业"走出大山的时候整整30岁，那是多么年轻，多么浪漫，多么温暖，人生多么精彩的13年啊！在这里，遇到了我人生的伴侣，组成了家庭；在这里，两个孩子出生，我有了人生的一种延续。无限的美好都发生在这里，我对这里的一砖一石都满含无限的深情。

我想，这也许就是校园的力量，这也许就是母校的力量。哲学家雅斯贝尔斯曾经说，每天都要给自己留一些做梦的机会，否则那颗照亮我们心灵的明灯就会黯淡下来。同学们，洛南中学是永远点亮在我心头的那盏明灯，她永远照亮着我的梦想，我相信，她也一定会像当年照亮我一样，照亮年轻的、17岁的你们的梦想，让你们有追求无限未来的可能。

年华甚好，往事悠悠，突然间想起从初来这里至今已经43年了！刚刚，在现场看到当年还非常年轻的李银成校长，看到了他的夫人彭老师，看到了杨金山书记。岁月让人感慨，杨书记刚才看到我的时候都已经认不出来了！当年是那样地熟悉，而岁月让我们已经陌生了对方。但我相信心头的那片温热，依然永存！

同学们，什么是母校？我刚才讲的这番故事就是告诉大家，母校其实是我们今生今世的证据，是我们魂牵梦绕的乡愁，是我们心头永存的温暖。我们之所以珍重她,是因为在这里的一切,永远温暖着、也激励着我们走向更为温暖的明天。

谢谢!

教育人的"精神语境"

致《人民教育》[①]

1980年,我到陕南洛南中学当民办教师,在学校小平房阅览室里第一次打开《人民教育》。对没念过大学的我而言,打开《人民教育》就是打开大学的教育学教材,经年累月的阅读,就是弥补从事教师职业所需要条件性知识的课程修习了。那时候我对《人民教育》的期待和崇敬,就像文学青年对《人民文学》一样。

此后20年,从秦岭脚下到江南水乡,我的视

[①] 2025年6月,应邀在《人民教育》创刊75周年座谈会上发言。本文根据发言内容整理。

线一直不曾离开《人民教育》，在这里一次次感受中国基础教育变革跳动的脉搏，也在这里拜识引领基础教育发展的那些生动面孔。许多人都有这样的经历，明明是第一次走进一所学校或是第一次遇见一位教育人，却总感觉似曾相识、神交已久。如果你仔细想来，很可能彼此就是在《人民教育》里相知，在当下的时间里相遇。或者如同伽达默尔在《真理与方法》中所言，阅读文字产生了一种奇迹：某种陌生的东西转变成了绝对亲近和熟悉的东西。这种温暖而奇特的感受说明，《人民教育》不只是一个专业平台，更是许多教育人的"精神语境"。

《人民教育》创设"精神语境"，是以关键语词凝聚教育话题，以价值立场引导行业方向，以深度报道呈现实践案例，以专业研究引发思考讨论。这种"精神语境"是由权威期刊塑造的，是一种隐性的行业认知框架和意义生成系统，已然超越信息载体的期刊功能，对个人和行业整体思考方式、行为方式、表达方式，都产生着巨大的精神影响。

我也是在这样的"精神语境"中交流成长的。2001年,《人民教育》创立了"新星舞台"专栏,张新洲先生鼓励我写了《我的专业发展历程》,谈谈我如何从"以练代教"发展到"以讲代学",又怎样一步步探索"体悟教学",以叙事加反思的方式呈现一个青年教师成长的案例,并约请钱梦龙老师、崔允漷先生、王建军先生写了一组研究文章。从那时到现在,从学科教学到教育管理,从基础教育实践到高等教育研究,从"体悟教学"到"体悟教育",我一直在这样的"精神语境"中定义话语边界、确立意义价值,并一次次从中汲取精神力量。

我一直认为,中国基础教育人面临两大使命:一是创造性转化,就是要把我们的教育理想做出来,这要求我们坚守教育价值,有更强的定力;二是动态性平衡,就是把握长远与当下、理想与现实的平衡,要求我们遵循实践逻辑,有更高的智慧。坚守的定力需要同路人的热情鼓励,实践的智慧需要前行者的坦诚分享,而这一切,都需要一个精神交流的语境。《人民教育》的最大价值，我以为就在这里。

我们会长久地生活在《人民教育》的"精神语境"中，也期待全国乃至全球更多的教育人进入这一语境，在交流对话中探讨 AI 时代人类教育的重要话题。

说这样一段话，祝福我们的"精神语境"生日快乐！

致苏教社[2]

在此苏教社 40 华诞的光辉时刻，送上我真诚的祝福！苏教社对我这样的一线教师而言，是支持专业发展的学术平台、组织环境。苏教社以教材编写凝聚的文化，为我们的工作提供了意义、支持与身份认同。从这个角度去观察苏教社的意义，可能会让文化企业更加坚守一种价值取向。

---

[2] 2024 年 10 月 24 日，在苏教社建社 40 周年座谈会上，应邀作 2 分钟视频发言。本文根据现场录音整理。

在洪宗礼先生、杨九俊院长树立的旗帜下，我们组成苏教版语文教材核心编写团队，这是我一生倍感珍重的专业身份与人生财富！有机会在这样的团队中浸泡濡染，深感荣幸。

人生不可假设，但可以在回顾既往的时候，用假定"没有这个平台"来比较、推想，结果必然让我们珍惜拥有、心存感念。

这些年我在不同的城市工作生活过，感到不是所有的地方都能凝聚、生成这样的"专业团队"，此中有文化因素，更多的是人的力量与温情，尤其是那些编辑们的职业情怀与专业品质。因为有专业的人在默默地维护，这个"专业团队"才持续着魅力与活力。多么可敬的一群人，值得我们在这个特殊的时间节点，真诚致敬！

此时,被什么力量感动? [1]

大家好!

很多这样的场合,人们会选择用"非常感动"来描述心情,大多数情形可能是一句礼貌的话。可今天,它表达的是最真实的感受。我和大家一样,一次一次被深深感动,感动之后又一次次追问自己:为什么会感动?被什么所打动?其实,我们教育行业和社会的其他行业一样,需要沟通、交流、表达,需要去感动、打动我们的教育关系人,需要在感动、打动中凝聚人们对教育事业的共识、共情。

---

[1] 2024年1月5日,深圳市龙华区教育局组织龙华区教育系统年度演讲会"教育的追问",在听完九位演讲者的讲述后,应邀作点评演讲。本文根据现场录音整理。

而今天,龙华教育局正在以创新的方式做着这样的一件事情。

今天,我们被什么力量感动?

首先,我们是被故事的力量所感动。大家知道,现代人需要一种强大的能力,就是故事力。在现代表达中,我们需要听到的不再是抽象的概念,不再是空泛的口号,不再是用了十桶水稀释都未必能溶解开的微言大义,或者是听了十次也未必记得住的语词组合。今天,当我们听到一位支教的女校长用眼泪为学校换取水电气的开通,当我们听到一位保安小哥在学生一声声问候当中获得职业价值感,当我们听到一位家长带着孩子在一次次公益事业中体会什么是"被需要"的时候,我们听到的都是鲜活具体的故事,都是生动可感的细节,哪怕是我们所熟知的那些教育话语,也在他们故事的生动阐释中,又一次走入了我们内心的深处,深深地打动了我们。

其次,我们是被追问的力量所感动。的的确确,每一次穷根究底的追问,总能带来对事物本原认知的一种深化。人类也就是从"人究竟从哪里来，到哪里去"的追问当中得到了许多答案。其实我们生活中最需要追问的是"幸福是什么"。对幸福的追问与对教育本质的追问殊途同归。教育的本质是教会学生获取幸福，而幸福完全是一种自我的体验和感受，你感觉幸福就幸福，而不是别人认为你幸福才幸福。幸福是纯粹而简单的，通往幸福的路途一定伴随着快乐，一种自足的快乐。今天，这个最简单的答案从保安罗惠红的口中说出了，当他"舒展着肢体，呼吸灵魂之巅，突然感觉到世界不存在了，只有我此刻最幸福"的时候，我们理解了他的幸福感受。平凡的满足就是幸福的本源，这是叔本华等哲学大师在无数次追问之后才得到的答案，今天被如此真切、生动、简单地阐释出来，让我们无比感动。

再次，我们还被金句的力量所感动。任何一次成功的演讲，都必须用最精练的语言把思考成熟的产物表达出来，传播开去。今天有许许多多的金句，已经开始在我们的心底默默传播。我们的家长曾庆告诉我们，"让孩子做公益是引领孩子走向精神高贵和伟大最便捷的途径"；我们的谢老师告诉我们，她"走过了 92,695 公里的路程就实现了对所有人生障碍的一种跨越"；我们的小男孩子墨也告诉我们，"祖父，一个开锁锁王的人生智慧能够开启我们下一代的心灵之锁"。这些都是金句的力量，都是我们今天这场演讲会能够让思想展开传播翅膀飞翔的重要原因。

故事的力量，追问的力量，金句的力量，说到底都源自设计的力量。大家设想一下，今天的会议内容完全可能以另外一种形式呈现，比如会有表彰的决定，有奖牌的颁发，有领导的讲话、获奖者的感言，甚至还有孩子们的节目。这些也能让我们感动，但一定会获取像今天这样感动的力量吗？设计的背后，不仅仅是创新的意识，创新如果只是形式翻新而不关注意义建构，创新的目标多半会在眼花缭乱中不知所终。很显然，今天的会议设计遵循的是现代社会大众传播的逻辑，是认识到大众传播是当下社会运转、公共生活和文化形态的核心特征与结构性力量，是认识到教育叙事是网络社会传播教育理念、凝聚教育共识、塑造教育形象、参与教育治理的基本方式和重要能力。

当然，仅有设计并不能必然地形成震撼的力量，再伟大的蓝图都必须用细节呈现设计的美妙和建筑的品位。设计大师查尔斯·伊姆斯曾说，"细节不是细节，它们构成设计"。因此，最后我非常想说一说细节的力量。

我相信许多人会有这样的感受，但我的感受可能更深切一些。大家注意到，让舞台的灯暗淡下来，让背景如灿烂星空，然后用追光聚焦于演讲者身上，此刻，这个会场安静下来了；此刻，这个世界在安静中倾听教育的声音。我们要向舞美艺术家致敬！

很多场合下即席演说，有时候思维顺畅，言语会带着情感汩汩流淌，有时候思维滞缓、言语滞涩。

话题熟悉与否是原因之一，但以我的体会，还有更重要的原因是现场的音效。好的话筒和音响，会让歌者的歌声更美，更愿意放歌；也一样会让演讲者更出色地表达。话筒迟钝、音响鸣啸，讲者吃力、听者受罪，再好的内容也会打折扣。而今天，你轻轻说，话筒就把你声音情绪的细节传递给听众，情感在那里得到共鸣。向今天的音响老师致敬，您调音的话筒对于演讲者来说很有"激励性"！

13年前，我曾受邀去央视《小崔说事》做访谈，那里的话筒、音响也像今天一样有"激励性"。那天，与幽默而机智的主持人聊了两个多小时。主持人风格独特，为了保持话题的陌生与交流的真实，事先我们彼此并不知道会问什么、能答什么，全靠现场生成。从剪辑播出的节目看，《百年温情》非常感人。但说实话，那感人的叙述一定不全是主持人风格所激发，现场情绪调动也靠旁边伴奏的琴师。你开口叙述，琴师就能捕捉到你的情绪节奏，或急或缓或弱或强地敲击键盘，而每一次敲击都落在讲话者的心上，声音与琴声合奏完成了动人的表述。今天第一位演讲者讲述时，我又找到了央视节目伴奏那种感觉。翻了一下会议单的介绍，证实了我的感觉不错，向李静一老师致敬！您对演讲者情绪的捕捉与把握，您的伴奏对情感表现的烘托与强化，都是专业级、大师级的，再次致敬！

最后我提议在您的琴声中，我们合作来完成今天的结束语：

我们在追问，教育是什么？教育是强国规划的大计，也是百姓养儿育女的思绪；教育是教育人心底善良的温度，也是孩子们书包里作业本的厚度；教育是对未来的想象，也是对今天的考量。

我们在追问，教育的答案在哪里？校长今天告诉我，答案在扶贫的路上，在亮起灯光的教室里；园长今天告诉我，答案在孩子的欢声笑语里；家长今天告诉我，答案在让孩子做家务、做公益的行动里；我们的子墨同学告诉我，教育的答案在对成长的记忆里；今天在座与线上的朋友告诉我，教育的答案在倾听、在互动、在共鸣、在你们响起的掌声里。我要说，教育的答案就在对教育的追问里。

谢谢！

4 教育领导的境界

曾掌教端溪书院的梁章钜山长留有一联,值得回味:育物每存春气象,澡心常抱雪精神。

站立于教育家境界,做一位幸福的班主任[①]

教育工作者都渴望创造无数个灿烂的自我,我认为最值得大家去创造的是一个崭新的身份,那就是站在教育家的高度,去做一名幸福的班主任。

怎样成为一名幸福的班主任呢?我想说四个方面。

一、确认一种身份

这种身份,就是一名教育家型的班主任。

[①] 2023年9月3日,在香港中文大学(深圳)举办的全国优秀班主任高级研修班暨班主任论坛活动上作专题讲座。本文根据现场录音整理。

1. 班主任,是教师生涯不可或缺的经历。

一个老师如果没有班主任经历,教育生涯总有长长的遗憾。班主任,是最配被称作恩师的老师。他走入了学生成长的生命,走进了一个个家庭,是孩子们热爱、敬重的"老班",是家长们在情感上亲近甚至倚重的对象。

2. 班主任,是最有可能成就教育家事业的一群人。

班主任是学校里离学生最近、最能唤醒并培植学生优秀品质的人。只有站在教育家的境界上,才可以为了未来教育下一代,把民族复兴、社会文明、家庭幸福的每一个希望,落实在促进学生精神完整成长的每一件小事上。

3. 班主任的形象,就是一所学校的教育品牌。

班主任在学生、家长那里的口碑,就是学校教育至高无上的奖杯。无论一所学校对外怎样声称,那都只是一种宣示,而让人有真切感受的,一定是班主任身上所体现出来的教育细节,每个细节都体现着一所学校的教育价值、办学追求。

当校长遇到的最大难题,是家长跟我说:"这个班主任太好了,没有别的选择,只想让孩子一直跟着他。"尤其是实行了"3+1+2"新高考模式后,高二分班的时候,很多班主任都成了学校的活品牌,成了家长们最信赖的人,家长含着泪要让孩子跟着他们走。我特别羡慕,这些班主任实在是太成功了。

4. 班主任,是学校里最辛苦却也最幸福的一群人。

当一名德行或事业受人称赞的学生走过去,如果有人自豪地说"这是我班里的",那他一定是班主任;如果有人说"这是我教过的",那他一定是任课老师;如果有人说"这是我们学校的",那多半是校长,或者门卫。

于我而言,虽然做了43年老师、17年校长,但当班主任的经历实在太短。虽然给13000多名毕业生签发过毕业证,但少有许多班主任引以为自豪的"亲学生"。所以,我常说校长与班主任大有不同，是因为班主任有"亲学生"。班主任是学校里最辛苦却也最幸福的那群人，他们是最有可能成为"恩师"的那群人。他们以引路人的身份给学生生命的成长以指导，他们是学生最亲密的伙伴，是走进学生和家长心田的那群人。

一位班主任曾问我："不能永远当班主任吧，将来怎么发展呢？"我说，在学校做什么工作都不如做班主任好。江苏省有一位李庾南老师，今年84岁了，做了64年班主任，创造了吉尼斯世界纪录。有一次我和李老师相遇，大家开了一天的会都面有倦色，但是一说到她的班级，她马上眼睛发亮，精神焕发。而且，她当班主任还当成了当地政府的难题——她只要当哪个班的班主任，家长就要让孩子进哪个班。我说："您太辛苦了，能不能就当一个叫'班级联盟'的班主任，同时指导几个年轻老师当班主任呢？"她笑着对我说："那还是班主任吗？"她要当就当那个具体的、真实的班主任，当那个教过几代人的班主任。

又有一次，一位班主任跟我抱怨说："不想当班主任，整天拉扯学生太累了。"其实，这位老师用"拉扯学生"这个词挺感人的，通常看到的搭配是"拉扯孩子"。养育孩子长大的所有辛苦、所有幸福，都在"拉扯"里了。我说："拉扯学生、拉扯孩子都不容易，推荐你去见见李庚南老师。"结果听了李老师激情昂扬的一番讲话之后，她回来说："向李奶奶学习，只要没退休，一定把班主任当到底。"

我们学校的汪桐老师，班主任当得非常幸福。他80多岁时生病躺在医院，子女照顾不过来，当年的班长就牵头让同学们轮值看护。有时候老人家还发脾气："今天该谁来的，怎么到现在还没来？"不管是市长还是局长，若公务太忙没法"值班"，家里人就要去顶岗了。老学生在班级群常说的一句话就是："今天该我值班了，要去陪老爷子了。"常言道，久病床前无孝子，而汪老师久病床前有学生。班主任当到这种境界，汪老师太让人羡慕了。

我们学校还有许多幸福的班主任，他们的60岁生日、70岁生日、80岁生日都是由学生张罗庆祝的，比校长幸福得多。教师节的时候，他们的桌上满是天南海北的弟子们的祝福卡片。校长办公桌上也会有，但大多数也是教过的学生寄来的。

为什么班主任更能够赢得学生的信赖？

人的一生中会遇到形形色色的人，有人无意于我们的悲喜，是人生的路人；有人可分担苦痛，却未必能共享喜悦，是我们的友人。但总有一种人，能为我们的忧愁而寝食不安，能为我们的欢悦而喜不自禁，这种人是我们的亲人。亲人者，父母是，老师是——班主任肯定是。

能在学生一生中情感最纯粹的时期，用爱温暖他们的生命，结成至纯至真的师生情谊，这就是班主任最大的财富，也是这份辛苦最值得的地方。

有一年，我到哈尔滨开会，忽然看到铁盒装的太阳岛香烟。瞬间想起了我的班主任，他酷爱这款香烟，当年他抽半支还要掐灭了放回去。于是买下来辗转送给了班主任。结果，班主任写了一个名单，名单上都是当年与我有关的人，他把烟一根一根地分发给他们，还说"这是江澎送来的"。每想到此事，就情难自已。除了父母，还有谁能如此分享我们的成功和喜悦？

在无锡工作时，许多场合都遇着丁荣军院士带着一位老者出席。本以为是院士的父亲，心里直钦敬他的孝顺。打听之下，才知道老者是院士当年在宜兴乡下读书时的班主任李浩泉老师。手机里存着一张中秋泛舟太湖，丁院士夫妇陪李老师赏月的照片。大家看过，也一定会赞叹：这是最好的学生，最幸福的班主任！

二、铭记四个底线

大家知道，爱是教育的起点，是教师的职业伦理。班主任工作的所有方法都源自对学生真诚的爱，班主任工作的最高原则是合道德性。这种爱，这种德，追根究底应基于善良。

为了弘扬我们学校"大爱大智"的教风,对学生真正做到大爱无疆,我们就设定了底线:

1. 不功利。

不因学生一时发展的快慢高低而对学生"青白眼"相视。那些即使成绩较差却从未受班主任轻慢、低看的孩子,往往会终生铭记师恩。

2. 不势利。

不因学生家庭的穷富而对学生冷暖有别。教育是离慈善最近的行业,教师一定要有慈悲心肠。教育者有个神圣的使命,那就是尽力逆转社会阶层固化代际传递的趋势,为贫寒子弟创设上升通道。我跟老师说,如果教师眼里有金钱和权势,那么是否意味着自己的孩子该受白眼呢?

3. 要大度。

班主任的胸怀有多大,学生成长的天地就有多大;班主任能容下五十种个性,就会有五十个生命蓬勃生长。要用教育者的宽广胸襟为活泼个性成长创设自由空间。

4. 要宽容。

不因孩子成长中的一点儿错误就苛责惩处，尤其不要动辄上升到道德的层面来评判。教育不是万能的，班主任肯定会有教育不好的学生。但即使如此，也应坚守不让一个学生寒心的原则，让每个孩子都感受到班主任善良的温度。

如何坚守教育的本质与终极价值？这些年我一直用两句话提醒自己：假如是我的孩子！假如我是孩子！同样，我也引导老师们沿着这样的假设去对待学生、思考教育。

现在，一些老师把这两句话写在办公室的墙壁上。我想，这两句话肯定不是教育的至理名言，老师们之所以认可，也许只是因为它提供了超越功利、坚守本真的一种教育思路。

其实教育的本质原本就是这样简单、明白！假如是我的孩子，这孩子不是无所指的虚拟，也不是泛化的假定，而是具体实在的对象，就在你的学校里，就在你的班级里，就是活生生的这一个：他有优点也有缺点，让你高兴也让你忧愁，你为他付出了许多，但也许他还没有达到你预期的满意度。

怎么看待他？怎么教育他？你就想：假如他就是我的孩子，那么在他生命成长的过程中，我最关注的会是什么？我会牺牲孩子的健康、品德而只关注孩子的学业成绩吗？我会罔顾孩子的心理感受而一次次地公示他未必出色的成绩吗？我会因为他考取了顶级名校就与之合影并置于家室厅堂，否则就冷落旁置吗？

沿着这样的思路还可以追问许多，追问之下，也许可以让我们透过教育行为去明确教育的坚守。

三、明确两种使命

作为一个班主任，必须要承担两种使命，同时也是必须思考的两个基本问题。

1. 明晰班级愿景。

班级愿景是对一个班级未来几年发展样态的一种想象，班级文化建设是这个目标统辖下的行为。

如何规划班级愿景？我提两个维度供大家参考。

一是把班级变成学习型组织。一个学习型组织，意味着这个组织里的每一个成员，都必须发生学习行为的优化。首先应该看重的是学习动机的激发，其次是学习方式的转变，再次是学习经历的丰富，最后是学习与生活的一致性。

现在有些班主任越当越没有境界，主要问题是不关注动机的激发，只关注最后的学业成绩。班主任和学生话语交流的方式不能太单一，必须创设不同的交际环境，让交际话题多起来，从多渠道关注学生的学习动机问题，这才是一个班主任促进班级成长（有别于其他任课老师）的关键之处。

二是把班级变成民主型组织。班主任管理其实是参与社会管理的一种行为，班级组织是孩子们人生成长关键期的主要社会组织。班主任用什么样的方法治理班级，使这个班级成为什么样的组织，对孩子今后成为一个什么样的人非常关键。

有些管理文化已经超越了教育的底线。有一种班主任，喜欢培养几个给自己打小报告的学生，让他们去监控班级，这是非常不好的做法。你喜欢经常打小报告或写举报信的人成为你的同事吗？如果不喜欢，为何要把学生培养成那样的人？要求学生严格遵守纪律是对的，但如果把在自修课上喝水、互相研讨都视为违纪，甚至用摄像头去看哪个学生在哪个时间点出神发呆，这就超越了教育的底线。最差的班主任，是把自己变成绝对威权者，培养一群听话顺从、循规蹈矩、唯唯诺诺的人，这是对未来的践踏。所以班级应该成为一种民主型的组织，学生的事情由学生来管理，他们毕竟是未来社会的管理者。

2. 明确班级要培养什么样的人。

世界各国许多优秀的学校，都会刻画毕业生形象来表达培养目标。比如，香港中文大学（深圳）的毕业生形象：第一是学业优秀，有独立思考精神；第二是综合素质较高，热心课外活动，关心社会发展；第三是积极向上，有理想，有勇气，有抱负；

第四是愿意在国际氛围中学习成长,追求更广阔的视野。这样的毕业生形象较好地传达了学校的培养目标,因为它更具体、更形象、可观察、可评鉴,会对学生的精神成长起到巨大的引领作用。

锡山高中毕业生形象是终身运动者、责任担当者、问题解决者和优雅生活者。这不是我们最初想出来的版本,学校公布的是身心健康者、使命担当者、终身学习者和优雅生活者,后来结合学生的意见,改成了现在的版本。

在班级里,班主任也可以在这方面下功夫,自己提炼或让学生去讨论班级毕业生形象。锡山高中有一个班级称为"方班"。为什么叫这个名字?他们从学校十大训育标准第三条"涵养至公廉洁之节操"里提炼出一个字"方",强调要培养做事有底线、做人有尊严、永远能坚守精神高贵性的人。"方"就包含了讲规矩、重底线、守方正、持高洁的人生形象。班主任可以给班级提一个人人都能够做得到的,且具有独特文化属性的班级毕业生形象。

四、提升三种能力

我认为,如果要成为一个教育家型的班主任,必须具备三种关键能力。

1. 组织建构能力。

班级其实是一个微情境,也是一个小的社会。班主任是一个社会组织的管理者,既要管理内部的社会事务,又要和社会上的各种人打交道,因此班主任必须要有这样一种能力。

美国著名未来学家阿尔文·托夫勒曾说,如果我们还对未来社会有美好的期许,就应该让今天的教育发生一点变化。班主任是最可能让今天的教育发生变化的那种人,一个学校的整体变革是比较难的,一个班级相对来说,变革更容易些。

班主任最应该关注的是班级有什么样的组织文化。比如前面说到的民主型班级组织,它的具体做法包括但不限于"班级公约制",大家的事大家一起商量,全体同学投票,而不是由班主任一人决定。这种方式很好地解决了规矩是外部要求还是自发形成的问题，有利于产生社会组织监督的平等观念。

要有同理心。比如不要随时随地给家长打电话，尤其是不要在晚上十点以后打，换到正常的时间，用合情理的方式沟通，相互尊重。有一个学校，一位班主任发明了一种方法，叫分层开家长会，也就是根据考试成绩分批次召开家长会。我想，我们都是家长，你愿意去参加最后一层次的家长会吗？这不仅不利于班级组织建设，也损害家校关系。

2. 时间管理能力。

对于班主任来说，最简单的管理模式是一刀切。一些班主任最头疼的事情，是学校给予空间让班级决定。其实班主任应该有更多这种权利，目前班级授课制最大的问题是没有给学生的自我发展留下足够的空间，而班主任能够实现时间优化配置。优秀的班主任会给不同的学生配置不同的时间管理方案，教会学生进行有效的时间管理。

3. 人生规划能力。

美国平均每200—400个学生就会配备一个生

涯规划指导老师（School Counselor），而我们国内学校的生涯规划几乎都是由德育处的老师指导。这其实远远不够，真正需要这个能力的是班主任。

一是应该清晰把握学生的特长。了解学生的特长，是要看他未来倾向于朝哪个方向发展。锡山高中把高校专业分成七个专业大类，即人文、社科（法律经济）、理工、工程实验、生命医学、艺术设计、体育军事。班主任对班里的学生要有清晰的认识，告诉他们某个专业的发展方向是什么，进而寻找适合他们的未来生活方式。

二是应该透彻了解大学的专业。一个班主任说不清楚大学的专业，其实是一种不专业的表现。提到一所高校，我们应该大致知道它有哪些专业，优势专业是什么、热门专业是什么、专业发展方向是什么。我们可以通过对往届毕业生入读大学的关注，获取丰富的大学资讯。

三是帮助学生完成人生的一次规划。高中阶段是人生中的关键时期，高考填报志愿是人生的一次重大选择。我们不能把高考志愿指导都让位于网络达人。班主任可以积极参与，对学生进行专业化的指导，帮助学生做出正确决策。这是一项既有意义又具有使命感的工作。

班主任担负着培养肩负国家未来民族复兴重任的一代新人的崇高使命，责任重大。班主任的格局，就是学生未来的格局；班主任的境界，就是学生未来的境界。班主任一般不以"伟大"修饰，但要造就担当民族复兴大任的时代新人，就必须伟大起来。

我到港中深②来，其实是延续我自己的一个追求——想借助这个平台，为未来的中国基础教育培养一批年轻的校长。我挑"未来校长"班学员的一个重要标准，就是看他班主任当得好不好。班主任当得好，做校长也必然不会太差。一个特级教师未必能当好校长，但一个出色的班主任一定能成长为未来教育家型的学校领导者。

---

② 即香港中文大学（深圳），后文同。

如何提升学校中层执行的效能与温度?[1]

对任何一个学校或团队而言,管理是否高效,关键在中层;对一个校长而言,领导、管理能力的高下,也关键看能否带出强的中层队伍。中层是腰,腰垮了身体就动不起来、挺不出来。

谈到中层我们又自然会提及执行力。一般会强调要有效率、有效果、有速度,以此提高执行的整体效能。但像学校这样的育人单位,我认为还应该强调执行的温度。只有将效能与温度统一起来,才可能办出有温度的、善良的教育,而不是只有冰冷的执行力文化在校园里蔓延。

---

[1] 2025 年 4 月 23 日,在上海交通大学教育学院主办的校长高级研修班上作专题讲座。本文根据现场录音整理。

中层的使命是什么？

现在有一种现象是，把西方企业管理的文化理念大量移植到教育管理中。因为我们中小学的管理实践者缺少形成经典案例的意识，还没有把那些鲜活的实践与深度的思考变成物化成果，所以一线的管理实践还没有被关注、被研究，谈教育管理就只能搬企业那一套。

比如说：领导和管理不是一个概念，领导是关于方向的领导，主要决策选择"做好的事情"；而管理是关于事务的管理，主要是执行，"把事情做好"。这个说法，放在中小学大概是不通的：没有哪位校长可以只决策而不做事；同样，也没有哪位中层可以不参与决策就能把事做好。

正是基于这样的认识，我提出中层的使命是"追问意义，担当使命"，也就是在不断追问工作的目的、价值中领悟做事的意义，并创新工作形式、努力将事情办成做好。

从行动策略上来讲，我想给校长和中层的同志们提四点建议。

一、追问意义

1. 在追问"为何做"的过程中探寻做事的目的。

提升执行力，关键在于穿透任务的表层象，直抵做事的目的。评价一个中层干部能够"领悟意图"或是"悟性很高"，绝不是鼓励中层猜测、迎合校长意图，而是要让中层干部学会在不断追问"为什么"的过程中，深刻理解每项工作背后的宏观意图和教育意义。

比如跑早操。跑早操的根本目的是让学生养成终身运动的习惯，让他们的生命呈现出蓬勃向上的状态，并让运动带来的快乐增强他们的心理韧性。所以，跑操时步伐是否整齐并不重要，让学生的活力得到释放，身心得到锻炼才是关键。

再比如课间15分钟，我们追求的是让学生享受生命舒展的状态，让他们能够充分锻炼，形成一个10分钟左右微微出汗的运动片段，这些片段相加，就可以构成有意义的锻炼的累积。所以课间15分钟允许学生自由活动、适当释放，大声喧哗又何妨呢？

体育课也一样，我们强调要上大喊大叫、大汗淋漓、激烈对抗的体育课，我甚至认为没有比一节大汗淋漓的体育课、一次对抗冲撞的比赛更有效的心理教育了。

如果找不对目的，在方法探索上就会出现偏差。比如跑操，如果采用非常严整的队形、挨紧贴紧的方式，喊着学习励志的口号，这种形式的运动与生命释放的根本目的是否相符？值得进一步探讨。

现在教育上存在很多问题，包括网络上热议的许多一抓就偏的问题。许多问题的根源还是只关注了措施落实到位，却没有关注深层目的实现。比如利用人工智能技术对教师每一节课的教学状况实时评价、对学生每一次习题的完成状况实时反馈，都要问一问，这样做的根本目的是什么？

所以，追问意义是教育的一个根本命题，也是中层领导实现育人目标、提升执行力的关键。学校领导、中层干部都要养成这样的习惯：一事当前，先问"目的何在？意义为何？"，让清晰的"为什么"引领高效的"怎么做"，从而驱动关注教育终极价值的执行。

2. 在追问"怎么做"的过程中优化做事的方法。

做事方法千万条，我们应该明白，并非只有一种方法是好的。在我看来方法大致可以分成三类：肯定是错的、不好的方法，肯定是好的方法，无所谓好坏的方法。一个校长总用唯一标准来评价中层做事的方法，中层就越来越不会做事。优秀的领导者，一定要善于留出足够宽的中间地带，让中层在尝试甚至是试误中体悟、优化工作方法。

同时，要沿着两个思路来启发，让执行者多从"学校愿景"与"育人目标"上来追问优化"怎么做"。

例如，锡山高中设立了学生的匡园社街，这里有学生邮局、学生银行、学生市民中心等。这里的最高管理者是学生市长，管理着社街事务。学生面对真实的校园情境，自主建构生活秩序。锡山高中的报刊是由外边的邮局送到学校匡园邮局后，由学生分拣、分发的，这样做是为了让学生在学校里学会承担责任。学校的超市是无人值守超市，学生根据定价自己投币购物，没有摄像头，墙上写着"在这里你被信任"。信任是道德产生的基石，我们希望以个体自律降低社会管理成本，培养领导未来的那一代人，涵养他们的基本素养和责任心。

"学生社街"创新了学校德育载体，令大家耳目一新，受到普遍好评。为什么这样做？一是从学校愿景出发，要创建现代性的中国高中。现代性学校的重要特征是治理民主，学生作为未来社会的领导者应该肩负起当下的治理责任，自主建构生活秩序。二是从育人目标出发，"四个者"应该是人人塑造的形象。所以，我们将学校空间整体创设为育人场域，而匡园社街被定义为岗位情境，让学生在多个真实岗位上真实工作、体悟成长。

二、明确职分

亨利·法约尔在管理的五大职能"计划、组织、指挥、协调、控制"中,将"组织"的核心定义为明确分工与责任归属。的确,中层干部一定要清楚自己在整个体系中承担着什么样的具体工作职责,明确职责边界,各司其职,减少推诿。

在锡山高中,我们建立了一种分布式的领导体系,由三条线构成学校的分布式动力源,推动学校整体发展:第一条线是综合行政部门,如学生工作处、教师发展处、学校办公处和高一、高二、高三年级部等;第二条线是各个学科中心,由学科中心主任主管学科发展;第三条线是项目化管理,由项目组承担。锡山高中分布式体系的最大特点,是试图改变单一的行政驱动模式,让学科专业驱动与项目组跨界驱动一起构成学校发展的动力源。

下面以课程教学处为例,谈谈其七大基本职能。

第一个职能是课程开发。课程教学处主任每年暑期要拿出"一张图、一份表、一本书"。"一张图"

是学校一年的课程总图,要明确从明年9月1日到后年7月,高中三个年级都开哪些课,国家必修课部分选用什么教材,安排多少课时,如何保证开足、开齐、开好;还要明确校本课程有哪些可供学生选择,课程说明得拿出来。"一份表"是给老师发放的课表,明确课程由谁上、在什么课位、班级组合如何安排等。"一本书"是指要编一本课程修习手册,课程教学处主任每年4月份开始编,7月份完成,中考结束后给录取的学生发入校通知书时,要将这本书一同发放。这是非常合理的程序安排,是课程教学处主任的职能。

第二个职能是课堂教学。这学期课堂教学应该抓哪些专题?怎么做?全校着力解决的课堂教学课题是什么?这些都要提出来。

第三个职能是校本教研。每个学科中心在一学期内安排多少次学科教研活动?计划是什么?地点在哪里?形式如何?我特别强调,校本教研一定要落到学校教研组层面。如果只在学校层面开展，都是一些通识化的东西，是放之各个学科而皆准的通法；校本教研真正起作用的是在学科组层面展开的专业引领和学科建设。课程教学处得把这些事落实、抓好。

第四个职能是教学评价。现在有人批评中学搞应试教育，但我认为中学短板更在于抓评价方面。由于缺少对教学评价的研究，我们拿出的评价题质量不高，作业管理不到位，导致题海泛滥，学生过累，老师过累。如果不统筹安排、处理好这个环节，教学质量也上不去。所以我提出一个基本观点是，一个学科老师对于评价的精熟度决定了作业的有效度，而作业的有效度既决定学习负担又最终决定学业质量。研究没有深度，选题没有精度，学生的学习负担就没有合理度，最后教学质量也没有保障，这是一个恶性循环。

此外还有学科建设、常规管理、教学后勤，这里就不一一展开了。

随着普高规模的不断扩大，高中管理体系也发生了重大变革,年级部成为学校执行的主体组织架构,"级部何为"就成了我们"明确职分"必须讨论的话题。

在港中深举办的"级部何为"全国首届高中年级班主任论坛上,我提出全面育人视域下级部职能跃升的三点建议,也分享在这里,不作展开。

第一,从实现应试目标向提升全面质量迈进。

第二,从关注学生表现向谋划系统育人迈进。

第三,从检查纪律常规向构建生活秩序迈进。

三、在场管理

精益生产之父大野耐一的核心思想就是"现场、现物、现实"的"三现主义",强调真的问题和办法永远在现场。在学校教育管理中虽强调"明确职分",但更高的准则应该是"在场首问",不论出现什么问题,无论是什么身份,在场发现必须立即处理,不能视若无睹。

在场管理要把握四条原则。

1. 在现场。

中层管理的办公室应该在老师中间、学生中间，在教育教学的场域中。我非常不欣赏一些学校的建筑设计，进大门先看到一个居中的行政楼，然后其他建筑围绕行政楼展开，这是传统的、不以学生为中心的教育建筑设计。如果把中层都关在行政楼里，学校肯定管不好。校长推门能看见学生，中层在学生和老师中间，这才是良好的育人场景。

管理学家汤姆·彼得斯在《追求卓越》中倡导的"走动式管理"，其实是我们学校优秀中层干部最优美的管理姿势。关在办公室，不走进学生中间、不贴近老师身旁，当不好学校管理者。

2. 重沟通。

我认为，解决我们目前的教育问题，一是要重视讲理解的教学（非记忆），二是要重视讲道理的德育（非强制），三是要重视讲沟通的管理（非命令）。沟通是组织的"生命线"，这是管理学大师的经典理论；沟通是学校管理的基本方法，也是许多老校长的经验之谈。

现在通信技术非常发达，但沟通偏差也随之出现。比如在微信聊天时，要尽量少用文字沟通，因为文字常常是用最简单的字数来表述，缺少情感语气，也容易让人产生不同的理解。发语音比文字稍微好一点，能听到语气语调，打电话又比发语音更好，但这些都不如在现场面对面沟通效果好。

最差的沟通方式是截屏推送。仔细想想截屏隐含的目的是什么？是上面有要求，我仅是转达而已？是他已这么说，我非有此意？有些中层干部连通知上不得转发的要求也截屏转发出去，真让人啼笑皆非。沟通没有太多技巧，有的只是真情投入、以诚相待。

中层管理的艺术在于不能只谈工作，还要谈天说地，有人文关怀。港中深徐扬生校长沟通的日常方式，是与大家吃便餐聊天，也鼓励教授导师与学生在餐厅约饭。各自买餐，聚在一起，边吃边聊，不失为一种良好的沟通方式。

3. 守底线。

我认为要把握两条。一是对于教育管理者来说，要守住立德树人的底线，这是根本。二是底线不能太多。一位女子婚前给丈夫提了两条：不家暴，不出轨，这叫底线。如果再加上不抽烟、不喝酒、不攒私房钱，就不叫底线了。如果一个中层管理者把什么都作为底线，太多的要求会使人受到高度的精神束缚，在心情不舒展的状态下工作，便容易缺少创造性。给老师发布各种规定，这个不准、那个不准，甚至让老师发誓承诺永不怎样，要求太多反而不易遵守。

4. 有温度。

忽视情感与尊重的管理终将失去活力，缺少温度与温情的管理者也终将失去魅力。学校管理、教育领导，说到底靠的不是职位权力，而是人格魅力。越是重专业、重文化的单位，越是历史悠久、名师荟萃的学校，其管理风格越是温和如春，守着四项原则：尊重个体、关怀成长、建立信任、满足归属。

四、闭环验核

一项工作只有布置没有检查，肯定会落空。更关键的是，在布置工作的时候就要设计好验核评价的方法。如果能设计出合理的评价方法，并对照这个方法推进工作，工作会更有效。

在教学上，我们强调"教学评一致性"，在确立教学目标之后，应该优先完成教学评价的设计。所谓教学评价设计先于教学设计，就是以具有导向性和可检验性的评价方法作为设计教学的依据，来促进教学工作。其他多项工作也是如此。

在锡山高中，我们强调两点：一是把工作项目化；二是项目化的工作要有明确的内容、进度、责任和验核设计方法。有了这样的闭环设计，我们才能把事情做得更好。

提升校长课程领导力的技术路径[①]

关于校长课程领导力的提升路径，我想结合自己 30 多年课程开发的实践，谈谈一些体会。

一、校长需要用自己的句子表述对课程的理解

如何理解课程？我这里先开列泰勒、杜威、菲利普·杰克逊、艾斯纳、古德莱德、施瓦布等的一些经典的课程定义：课程即教学科目，课程即有计划的教学活动，课程即预期的学习结果，课程即学习经验，课程即社会改造，等等。

[①] 2024 年 11 月 2 日，在由广东省教育厅与中国教育学会举办的中小学书记校长"卓越计划"广东省培养项目（第一期）研修活动上作专题讲座。本文根据部分现场录音整理。

今天我们的任务不是要讨论这些定义,而是要知道每一种对课程的定义都隐含着某种哲学假设、价值取向或者教育理念。

例如,"课程即预期的学习结果"是行为主义教育流派的核心观点,强调学习是可观察、可测量的行为变化。泰勒在《课程与教学的基本原理》一书中,就强调课程应围绕预期学习结果进行设计,并通过评价来验证目标是否达成。这一观点在课程科学化运动背景下,促进了课程朝着科学化、标准化和效率化方向发展。

而"课程即学习经验"的定义源自进步主义教育流派,主张教育应以学生的兴趣、需求和经验为中心,强调"做中学"和"教育即生活"。杜威在《民主与教育》中提出,课程应围绕学生的实际经验展开,学生经验是学生与环境互动的结果,课程设计应注重学生的主动参与和个性化发展。

从上面介绍的信息中可以看出,不同课程定义的背后是对教育的不同理解,而不同的教育理解又直接影响着课程开发、实施与评价的行为。所幸的是,从20世纪90年代中期开始,当校本课程开发(SBCD)这一舶来品概念进入中国化探索的时候,锡山高中就与华东师范大学施良方教授、崔允漷博士有了深度的合作,我也开始在实践中触摸、体认课程与课程开发的概念。施良方教授的一句话一直影响着我的课程领导实践:"对于教育工作者而言,重要的不是选择这种或那种课程定义,而是要意识到各种课程定义所要解决的实际问题以及伴而随之的新问题,以便根据课程实践的要求作出明智的决策。"

应该指出,有一堆课程概念经常出现在实践者的话语中,但很多场景下使用这些概念,其内涵与边界有待进一步明晰。比如有学校提"加强德育课程、丰富选修课程、拓展跨学科课程",这几个课程概念并非一个逻辑标准划分出的课程类型,并列起来在学理上讲不通,在实践中也行不通。

又比如,有学校提"校园无处不课程"。这

里使用的是"隐性课程"（Hidden Curriculum）概念，指学校环境以间接、无意识的方式传递给学生，包括价值观、态度、行为规范在内的影响，它有着非预期性、多样性、潜在性的特点。它与以学科课程、教材等形式存在的"显性课程"（Explicit Curriculum）是对举的概念。我们今天讨论校长课程领导力，应该界定在"显性课程"概念下展开，而"隐性课程"常归于校园文化建设范畴，探讨校园的器物文化、制度文化、行为文化与精神文化建设。

还有"国家课程校本化"的提法也值得商榷。"国家课程"与"校本课程"是从课程决策权角度切分出的概念。在我国走向课程民主的过程中，普通高中可以根据地方社会发展与学生需求自主开发校本课程，形成两级课程框架。学校对国家课程应以"忠诚"为取向，不断提高实施的有效性；对校本课程应以"创生"为取向，不断提高开发的科学性。一所学校实施国家课程，必须依照国家课程方案、课程标准，无论如何努力，无论成效如何，都无法改变国家课程的性质属性，都不允许也不应该将国家课程校本化。我们讨论校长课程领导力，主要是探讨校长实施国家课程、开发校本课程的能力。

我想引用教育部2001年颁布的《基础教育课程改革纲要（试行）》文件中关于课程的定义：课程是学校为实现培养目标而设置的学习科目及其进程安排的总和。结合这一定义，可以用一句话表达我对课程的理解：课程就是"课"+"程"，"课"更多指教学内容的选择，"程"则是学习机会与进度的安排。在日常教学中，除"科目""学分"以外，还有两个与课程密切关联的概念，一个是"课时"，与课程内容设计、进度安排的时间长度相关；一个是"课位"，与课程实施的时间、空间机会相关。

校长课程领导力是校长诸多职责和能力要求中的首要能力，是体现校长专业水准的核心能力。提升这一核心能力，首先要了解被誉为"现代课程理论之父"的美国教育家拉尔夫·泰勒提出的"泰勒原理",也就是其在经典著作《课程与教学的基本原理》中提出的课程开发与实施必须回答的四个基本问题:学校应该达到哪些教育目标?如何选择可能有助于达到这些目标的学习经验?如何为有效的教学组织学习经验?如何评价学习经验的有效性?概括而言,就是确定什么目标,选择什么内容,怎样安排教学,如何进行评价。

据此,我们可以这样定义:校长课程领导力就是校长基于一种正确的理念选择学生的学习内容后,把这些内容安排到适当的学习机会里,并能科学地进行评价的一种统筹能力。这种能力不仅体现在对课程改革方向的敏锐洞察与准确把握上,而且体现在校长如何有效地领导与课程利益密切相关的其他人员与组织,从而确保课程领导力的充分发挥与实现。

二、校长需要明确提升课程领导力的两个关键点

我认为,提升校长课程领导力主要可以解决两

个大方面的问题：课程实施力和课程保障力。

1. 课程实施力。

从技术层面看，校长课程领导力的实施力主要体现在以下三个方面。

从规划的角度看，在于能否领导制定课程实施方案。校长应指导团队在每学年呈现学校课程规划方案的整体样貌，形成年度课程方案、课程开发指南，最好能给学生发放课程修习手册。课程方案是学校的课程图谱，用通俗的话说，课程方案就是饭店的菜谱，规划课程方案就是开发形成饭店菜谱的过程。饭店菜谱的菜品、菜色决定了饭店的品质，而学校课程方案的内容、结构则决定了学校课程的品质。

从开发的角度看，在于能否引领教师积极参与课程建设，能否在专业上指导教师形成完整的课程纲要。课程纲要是每道菜品的烹饪手册，既要写出选什么材料，用什么佐料，还要写出怎么制作，是炒、爆、熘、炸，是烹、煎、烧、焖，还是炖、蒸、烩、烤。最后，还得说厨房配置条件与菜肴品味的标准。

从评价的角度看，在于能否形成完整的课程评价方案以评价课程开发水平和实施效果。

2. 课程保障力。

课程保障力，是指校长在学校里建构一个关于课程领导的整体架构，以保障课程的科学与民主的能力，包含决策机制、开发团队和学习环境三方面。

第一，构建决策机制，设立课程委员会。这是学校课程建设、课程开发的决策机制和组织机制。目前高中课程实行三级课程、两级管理，学校在国家课程分权基础上拥有课程权力，要体现课程民主，设立课程委员会。学校的领导、教师代表、学生代表，以及学校的关系人都可以进入这个课程委员会。

同时，在学校行政管理体系中，要对两类人员提出明确要求。

一类是课程教学处人员。课程是学校教学教育的核心，有些学校把教学归教学处管，课程（尤其是校本课程部分）归科研处或者其他部门管。这种架构会导致教学处只管高考学科，非高考学科就被忽视。我建议，各位校长应该把原有的教学处扩展为课程教学处。而课程教学处的第一职责就是统筹课程开发与管理，其次才是课堂教学。没有课程，教育理念就无法落地。

一类是年级长、年级主任。年级长、年级主任的首要职能不是"高考督战"，也不是"前敌指挥"，而是对三年里学生整体的课程发展做一个规划。不规划课程，就没有办法根据国家课程计划、根据学校校本课程、根据学生发展需求，对学生的发展做出一个合理的、统筹性的安排。

第二，组建开发团队，组成专业社群。专业学习社群出现于二十世纪八九十年代，是美国为了解决学校革新政策推动成效不佳而提出的专业概念，强调学校必须重视组织与团体发挥的专业学习动力，鼓励学校成员积极参与决策与内省。有些课程，尤其跨学科项目式学习课程，在原来学科组的架构下难以实施，这就需要专业社群的力量。

第三，转变学习环境，建设课程基地。如果我们学校所有的学习环境都是一种秧田式的环境，那么它最利于实施的是接受式的、讲解式的学习。如果要推进工程教育，那我们需要的是各式各样的工坊。无论是传统的工坊还是现代的工坊，抑或是人工智能的工坊，你想用讲解的方式来学习都是不可能实现的。所以我们就提出了一个理念——用环境的改变来促进学习方式的改变。我们要创设大量的专业化、精致化的学习环境，而这是只有校长才能推进的工作，所以我把这也作为校长的课程领导力的重要内容。

三、校长需要提升研制三份课程文件的专业能力

在课程领导力技术的专业性上，校长一定要有完成几份基本文件的技术能力。

1. 形成学校课程规划。

制定学校课程规划分三步。

第一步，前期研究。

无论从理论还是实践上看，前期研究都是不可

或缺的一环,包括教育哲学梳理、学生需求评估、社会期待分析和课程资源评估等基础工作。这里就不展开介绍了。

第二步,建构框架。

框架建构是课程规划的主体工程,以此来确立学校课程的四梁八柱。框架一定要有三个要件:

一是要有明确的课程目标。要回答课程目标是什么,也就是要回答通过课程培育什么人。锡山高中的课程目标就是"四个者",它倡导的终身运动、利他担责、实践创造、审美优雅,既是统摄课程开发的主旨,也是课程指向的维度。

二是要有明晰的课程框架。要大概清楚课程分哪几类,分类的标准是什么?为何这样分类,意旨何在?现在有一些学校的课程图谱拿出来,五花八门,新词纷呈,逻辑上讲不通,实际上也行不通;也有些学校的课程方案一味追求高大上、特新异,结果连国家必修课也没列进去,连学生参加高考的课程也看不见,一望可知是假方案。锡山高中2018

年课程实施方案,大的课程框架分必修课程和选修课程两大板块,选修课程是将国家选择必修课程与校本选修课程打通,构建专业大类课程体系,学习方式上按任务驱动的项目式学习设计,目的是帮助学生在"选课"时,对大学专业有深入的体验、认识,将选科的课业与大学的专业、人生的事业、报国的志向贯通起来,变"为分而学"为"因志而学"。

三是要有丰富的课程品种。一个西餐店的菜单不能只是由前菜、汤品、主菜、甜点几个类目构成的框架,前菜要有凯撒沙拉、法式焗蜗牛来开启味蕾,之后是浓郁的洋葱牛肉汤或是奶油蘑菇汤来过渡,然后才是煎牛排、三文鱼、意大利千层面等主菜登场,最后少不了提拉米苏、焦糖布丁来提供甜蜜的满足,如果有布里奶酪、现磨咖啡来收尾更是完满。由此可见,课程的质量并不取决于课程框架,而是直接由丰富的一道道课程"精品"决定。要把这些"菜品"开列上去,这才叫真正的"菜单",学生才好"点菜",也就是"选课"。

第三步，发布课程开发指南、课程修习手册。

课程开发指南是给老师看的，可以包括基本的课程知识能力培训内容，关键的是讲清课程目标、课程框架，提出课程开发要求，明晰课程开发的流程与规范，以引领教育开发出高品位课程，丰富课程品种。

锡山高中在给高一学生发放入校通知书的时候，还会同时发一本课程修习手册，内容包括学长致词、价值与文化、愿景与使命、课程方案、课程介绍、修习要求、课程基地、校园生活等板块。课程修习手册中学生的选课指南，帮助学生全面了解自己在校期间会接受什么样的课程及每一门课程都有哪些要求。就类似于人家来你这儿吃饭，你把菜单发给他们，让他们早早选菜，从而吃得营养又健康。现在全国许多学校也在参照这个范本编印自己的课程修习手册，这是课程建设迈向专业性的标志。

2. 制定课程纲要。

课程实施是一个复杂的过程，包含教师申报课程、审议发布课程、学生自主选择课程、实施课程纲要、组织课程评价等。内容所限,仅以课程纲要撰写为例说说。

课程纲要由一般项目和具体内容两部分组成。一般项目含有课程名称、课程类型、教学材料、授课课时、主讲教师、授课对象等内容;具体内容则须陈述清楚课程目标、课程内容(或活动安排)、课程实施、课程评价。

平常,教师都熟悉"教学进度安排表",简单地说,课程纲要就是在"教学进度安排表"的前面加上"目标"、后面加上"评价方案"。因为教学进度安排表只解决了选择什么内容和在什么时候讲什么课的安排,在此基础上补充完善,一是要强化目标导向,明确这一门课的目标设计;二是要强化评价意识,明确课程的评价设计。

3. 完善课程方案评价。

没有评价,学校课程就难以有效落实。如果校长评价课程只看学生考试成绩,这种评价是不完备的。对此，有几点建议：

一是评价课程本身。开发一门课程时，要先看其设置的课程评价方案是否合理，这是有效进行课程评价的关键。

二是评价学习结果。要更多关注通过这门课程培养出了什么样的人，对典型学生进行评价，看课程对学生的滋养体现在哪些方面。

三是在学校课程建设过程中，要关注课程建设规范、专业化文本呈现。比如提供了多少专业课程纲要，形成了哪些专业评价方案，提供了哪些具有典型的指导价值和辐射价值的课程资料包等，这些都应纳入学校课程评价的范畴。

诸位，今天分享的内容，遵循的是实践逻辑，以应用为要。从学理上讲，有很多不完备的地方；有些提法也是为了便于理解，不一定经得起推敲。好在讲座的目标是提升校长课程领导力，只要大家有一点收获，也就达到目标了。

让我们重回大学[①]

首先欢迎大家在这样一个特殊的季节来到深圳,来到书写"春天的故事"的地方。

46年前,在改革开放刚刚起步的艰难时刻,中国需要有个地方作为示范区,需要有些人作为先行者、垦荒牛,以他们的胆识和智慧来杀出一条血路。于是,1979年的春天,一个老人在这个地方"画了一个圈儿",在这里开启了"春天的故事",迎来了我们今天的万紫千红。

46年后的今天,中国民办高中的发展也遇到

[①] 2025年3月22日,在中国民办教育协会高中分会举办的"未来教育领导者"VELA校长班开班仪式上作即席讲话。本文根据现场录音整理。

了些困难，同样需要一些人，不畏险阻，勇于探索，去谱写民办高中春天的故事，去迎来我们万紫千红的明天。各位是民办教育领域里长期耕耘、备尝艰辛的劳作者，这个历史使命自然要落在各位身上。我们在春天里、在"春天的故事"发生的地方，将各位召集来举办这一次培训，可谓是意义深远。

大家都知道，在新的时代，民营企业又一次明确了定位：民营企业是我们国家社会经济发展不可或缺的一个重要的支撑力量。我想，中国要走向教育强国，民办教育同样是不可或缺的重要力量。这些年，正是因为民办教育的存在，人民群众对多样化的优质教育的需求才得到了最大限度的满足。未来，中国的民办教育一定会迎来一个蓬勃发展的时期，各位要勇担责任，主动作为。

各位都清楚，在过去 20 多年里，中国民办高中并没有像中国公办高中那样，在各个地区都站出来一批名家名师。民办高中过于分散、过于孤单、势单力薄，乃至形象模糊、声音微弱、存在感差。

基于此，中国民办教育协会高中分会把扩大民办高中的影响、形成并扩大民办高中头部学校的规模与阵容，作为今年工作的一个重要使命。就是要让大家聚在一起，站出阵容！

要完成这一使命，就要造就一群能够引领民办教育发展的行动者。我之所以强调是"一群"而不是"一个"，不只是因为想到了"一个人走可以走得更快，一群人走才能走得更远"这句"名言"，更是基于我自身的经验。

15年前，参加教育部举办的第二期全国优秀中学校长高级研究班，与今天在场的刘校长、朱校长、马校长还有没有到场的赵校长、张校长成了同班同学。

2011年，教育部送我们到芬兰去考察。这次考察让我们大开眼界。比如说，芬兰学校的课程体系里竟然有那么多的工程教育的课程，他们的"拔尖创新人才早期培养"竟是从培养学生动手实践能力开始的。一天晚上，在波罗的海的船上，我们几位校长同学坐在一起,感慨万千。我们不想让培训就这样结束了,觉得还应该做些什么,于是发起成立"中国高中六校联盟",想做一些一校之力难为而六校合力可成的事情。

从 2011 年一直到疫情发生,每年之初我们都举行六校联盟校长峰会,谋定当年所有的重大活动,并由各个学校自主申报所要承担的专项活动。朱校长承担了联盟学校艺术师资的培养,以及在鲁迅故居(在北京三十五中校内)举办的联盟学校语文骨干教师高端培训活动。刘校长亲自带领联盟里面的数学老师,把每一章节的数学典型题从头到尾梳理出来,极大地提高了联盟校整体的教学效果。马校长带领到海南中学赛课的联盟校老师体验海南独特的海洋文化、热带雨林文化,深入课堂了解他们的机器人、AI 领域等的课程实践。

2012 年开始,联盟校集中力量推进学科建设,从学科规划的制定到规划的落实,联盟的优势发挥得淋漓尽致。联盟校推进学科建设的经验经《人民教育》专题报道后，在全国产生了重大影响。

我们就是这样形成了除行政推动力量和自身内驱力量之外的学校发展的第三种力量，即来自行业和同行之间的专业推动力。就我们的实践看，这种力量引发了联盟校的变革，促进联盟校发展更上一个台阶。基于此，我希望在我们首期 VELA 培训班里也能孕育出、孵化出中国高中民办学校的一个或几个六校联盟、八校联盟。如果我们的培训班真的孕育出了这样的联盟，那么，这将是我们这一次培训活动最大的收获。

关于这次培训，我们设计了一种独特的学习模式，这种模式就是在真实情境下、由任务驱动的学校改进行动方案研究。就此，我谈三点：

一是面对学校的真实问题。每个学校所面对的问题是不一样的，这次要聚焦真实问题。什么是真实问题？就是那些一直摆在你面前且让你一想起来就头疼的问题。这次培训就是要聚焦这样的问题，寻找到破解问题的路径。

二是任务驱动。这一次培训方式不是以听为主，而是以学员自己写为主——先把自己学校的改进方案写出来，然后再充分地和导师交流，听导师意见，对学校改进方案进行修改。

我们请来的三位导师都是来自"中国高中六校联盟"成员校的老校长，他们不但当过最好的省级示范性高中校长，也都执掌甚至创办过民办学校。他们资历深，治校经验丰富，能够给大家切实地把脉、指导，能帮助大家完善学校改进行动方案，并让学校改进行动方案落到地上。

三是项目化"长作业"。我们的作业——学校改进行动方案不只是写在纸上，更为重要的是变成我们校园蓬勃发展的实践。所以各位导师今后还要深入校园，看看做得如何。最终的考评是看学员的校园里是不是发生了切实的改变。

最后，我要讲一讲对大家参加培训的一些期待。具体地讲，就是"三个忘记"：

第一，忘记身份。今天坐在这儿，你就是培训班的学员,而不再是董事长、总校长。昨天,秘书长在印学员名单时开始上面写着各自的职务身份。我对她说,这里只有学员,没有董事长。所以你看,今天信息里面就只有单位没有身份。

第二,忘记工作。我知道大家都有一大堆事,但咱们在这儿就10天,这10天全用于学习都来不及,再说,家里的事儿一定会有人做。大家可能知道,北美校长的使命之一就是寻找替代者。如果这十天里你的"替代者"把你的学校管理得很好,这便是一大成功。

第三,忘掉年龄。我们这个班里有60后、70后、80后的,也有90后,但不管是几〇后,来到我们班都是00后。只要身体允许,早上跑操,晚上唱歌,天天交作业,咱们这些天的培训就这么过。

顺便再说一点生活上的事。在上次举办的校长培训班上,一位校长提建议说,能否安排他们在单独的教师餐厅就餐。那天午餐时,我把他请到学校餐厅,对他说:"你看到那个老头了吗?他是诺贝尔奖获得者。"这就是港中深的风格,没有教师餐厅,哪怕是诺贝尔奖获得者,该端着盘子排队就端着盘子排队。咱们学员也应该如此。一定不要相互请客、外出用餐,更不要兴尽酣饮。就这样天天、餐餐吃食堂,回到大学时代,这样其实也蛮好。

最后,我们一起把培训班的口号响亮地说出来:让我们回到大学时代!

体悟,德育的路径[1]

如果缺少清晰具体的德育路径,那么德育的实效性将会大打折扣。在此,有三个例子跟大家分享一下。

第一,通过组织学生研究自身家庭的行为规范和价值崇拜,展开社会主义核心价值观教育。我们知道,很多家庭在孩子很小的时候就立下一些规矩,比方说,吃饭的时候要等大人都坐齐了才能动筷子。这样的行为约束的背后,是对"敬老""利他"等德性的培植。学生研究自己家庭的行为规范

---

[1] 2025年5月17日,应邀在人民政协网组织的"立德树人·筑牢教育根基——新时代德育教育实践路径研究"课题会议上视频发言。本文根据发言内容整理。

的同时,还研究无锡地区一些名门望族的家风、家训,以了解他们的道德崇尚。在此基础上,我们从中筛选出了若干个词语,将这些词语和国家倡导的核心价值观进行比较。学生发现,许多家庭都把友善、利他、孝敬作为崇尚的价值观,与社会主义核心价值观根脉同源。

第二,通过开展口述史研究,坚定学生改革开放的道路自信。锡山高中地处无锡的堰桥镇,这里是无锡乡镇工业的发源地,也是"四千四万"精神的发源地。我们让学生去走访那些已经垂垂老矣、但在40年前亲身参与过乡镇企业创业的人们,用文字和摄像头记录他们艰难的创业史,凝练他们身上具有的品格。在梳理一个乡镇工业的发展史,并且深入真实情境研究历史的过程中,同学们加深了对改革开放历史的了解与认知。有一位学生,他把外祖父积累的67本笔记本全部贡献出来,这些笔记本成了研究乡镇工业发展的绝好的史料。透过那泛黄的纸页,同学们了解了我们这个民族在当年那种情境之下,怎么样一步一步地突出重围,走向改革开放,创造今天我们的美好生活。

第三,通过设立学生社街,让学生在真实社会情境中,培育公民素养。锡山高中校园里有个匡园社街,社街里有学生邮局、学生银行、学生超市等。学生超市是无人值守的诚信超市,那里所有的物品都整齐地摆放在货架上,明码标价,学生按照物品的标价自行付款取物。超市里没有摄像头,无人监管,墙上写了这样的一行大字:在这里你被信任。我以为,这就创设了让学生在真实的社会情境中实现道德成长的试验场。这些年来,大家都非常关注这个超市究竟是盈还是亏。我说如何在真实场景中培养道德自觉,才是我们最优先考虑的。全国政协第十三届常委会曾经连线过我们的这个社街,看到了那些换水的孩子怎样为学生服务,学生邮局的孩子怎样每天把信送到学校的各个地方……看到他们自主建构生活秩序,承担各自的责任。

讲述这三个例子，其实是想谈我对德育教育路径的一种理解。我提出来的德育教育路径是"体悟教育"，"体"就是体验和体会，"悟"就是领悟和领会。所谓体悟教育，就是让学生在真实的情境当中，通过真实参与、亲身经历、实践反思，来形成稳定的道德认知和道德评价。这样的体悟教育大概有四个特点：一是强调知行合一，突破道德认知的抽象性；二是强调对学生共情力的培养，提升学生道德的敏感性；三是基于真实的情境，提升学生道德判断的自主性；四是面对复杂的问题，培养学生道德信仰的稳定性。

道德教育不应是简单地灌输，也不应简单地靠行为约束。我想，如果我们能够在学校教育的场域当中，创设出若干个真实的情境，让学生从中体验，从中反思，进而将他们的实践体悟所得升华为他们的道德品性，那么我们就一定可以培养出能够适应社会变化和未来挑战、堪当民族复兴大任的一代新人。

5

对谈·洞见

在公共领域中,以对话建构教育认知的生活理性基础,探讨人类生活世界的教育意义。

《半月谈》专访｜避免 AI 成为应试"利器"[1]

新一代人工智能的快速应用和普及，对教育提出了划时代的新要求。今年年初发布的《教育强国建设规划纲要（2024—2035 年）》，对促进人工智能助力教育变革作出重要部署，具体的政策细化方案文件随后连续出台。由此可见，人工智能时代，教育模式正在加速重构。这将给学校、家庭带来哪些影响和挑战？面对瞬息万变的未来，我们该培养孩子什么样的能力？带着这些问题，《半月谈》记者专访了中国教育学会副会长、江苏锡山高中教育集团总校长唐江澎。

---

[1] 本文刊发于《半月谈》2025 年第 11 期，收入本书时有删改。

不变没有未来，乱变没有当下

记者：人工智能时代，教育该怎么变已成为各方关注的话题。您在一篇文章中写道："AI'撞击'教育，并非摧毁教育，而是倒逼其从'工业化流水线'转向'生态化成长系统'。"该怎么理解这句话？

唐江澎：纵观人类教育史，从口传心授到数字革命，AI 正催生教育模式的第三次跃迁。近 300 年来，教育实行的是班级授课制，按照标准模式批量化、像工业流水线一样培养人才，这极大地提高了教育教学的效率。进入人工智能时代，AI 可以为学生提供定制式的教学服务，进行因材施教，实现学生的个性化生长。以语文教学为例，不少学校一个语文老师要教两个班、100 多个学生，很难做到对每个学生的作文精批细改。现在可以用人工智能来辅助：把文章的规定性要求输进去，让人工智能告诉学生文章该怎样修改，相当于每个学生都有了一个可以提供量身定制式服务的老师。

记者：现在许多学校已试点将人工智能融入教

学中。但我在采访时发现，不少老师不知道该怎么用，有的老师在应用时，甚至加重了学生负担。

唐江澎：过去 30 多年来，教育信息化技术以不同的工具形式进入课堂。我发现一个倾向，老师向学生传递知识的速度和节奏变得更快了，用于检测学生学习成绩的方式越来越便捷，但学生的负担也越来越重。面对人工智能，不变没有未来，乱变没有当下。要特别提防脱离教育的核心本质，不恰当地使用信息化手段教学。

记者：怎样叫不恰当地使用信息化教学手段？

唐江澎：我们都学过课文《听潮》，你觉得在学习中，是让学生通过感受文字去想象潮声，还是给学生放哗哗的潮声？哪一个是语文课？

记者：当然是想象的潮声。

唐江澎：当我们使用人工智能把《荷塘月色》生成视频，让学生去观赏"叶子出水很高，像亭亭的舞女的裙"时，我们忘了语文其实是要通过文字来塑造形象的，并不是通过视觉。这种教学方式所影响的是学生对文字本身的理解和感悟。

记者：现在确实有把什么东西都视觉化的趋势。

唐江澎：有些东西可以视觉化，有些东西不该视觉化，所以我强调，不该用的时候不能用。

另要提醒的是，AI 的便捷性可能使学生的负担进一步加重。比如，过去老师给学生出一套试卷不容易，现在利用人工智能技术，出试卷变得非常容易，批改、统计也很便利。我甚至看到有的学校把每天学生作业的正确率通过平台反馈给家长。这种就是对 AI 的错用。假如 AI 帮助老师批改作业的主要目的是让老师有时间、有精力出更多的卷子，让学生来做更多题的话，AI 就成了应试的"利器"。我担心目前大量场景下的 AI 应用是这样的。

还要警惕运用 AI 实现"精准教学"的观念。什么是"精准"？如果"精准"对应的是知识点、考点，如果只以"精准"区分教学内容的"有用"和"无用"，这样的教学，教学目标"精准"了，育人的目标很可能偏斜了。

重在考察如何使用知识

记者：关于人工智能怎么助力教育，网络上有很多文章，相关的政策文件也下发了，但不少校长、老师还是对人工智能进校园感到不知所措。

唐江澎：专家指点未来，老师关注当下，家长莫名惊慌，学生刷题依旧。这恐怕是当下的现状。我的观点是，学校与一线老师应精准提供需求场景，以需求牵引技术开发，赋能教育教学。

记者：数十年来您一直在一线工作，作为一个中学校长，您所在的学校是怎么做的？

唐江澎：过去 10 年中，江苏省锡山高级中学探寻人工智能促进教育变革的历程，是从对未来的想象起步，一步一步找到走向未来的路径的。在技术上，我们分四步走，从易到难实现"处处有 Wi-Fi""室室触摸屏""人人有平板电脑""科科云资源"。在 2015 年推进信息化技术应用时，我们对未来 10 年有三点基本判断：一是以班级授课制为主的教学组织结构不会有颠覆性变化；二是以知识的掌握和运用为主的教学内容取向不会有颠覆性改变；三是以纸笔测试为主的高考模式不会有颠覆性改变。

于是，锡山高中在运用人工智能时，把握三个重点趋向进行改变。一是更多应用人工智能赋能个性化教学，大力开发 AI 学伴及学程式课程。学生将有更多机会和条件自己决定学什么、怎么学。二是在人工智能的协助下，学生的学习方式突破单一的刷题与记忆形式，教师的课程设计打破学科壁垒，创新设计基于真实问题情境的任务驱动式学习、探究式学习、合作式学习，为培养适应未来社会需要的高素质人才打下坚实基础。三是更多应用由人工智能带来的数字化教育场景，为学生提供更灵活多样的问题情境，提高学生在具体情境下运用知识解决问题的能力。教育不是用 AI 培养"解题家"，而是培养"问题解决者"。

记者：您认为，未来 5 年，人工智能在高考中会如何体现？

唐江澎：未来5年，直接让学生带着AI工具进考场，大概是不可能的。但高考题目本身，无论是从它的立意、情境还是设置上，都较没有AI时的题目发生了巨大变化。尽管考生还是坐在考场上以纸笔方式来测试，但是题目的设置已经重在考查学生如何使用知识，而不仅仅是知识本身。

培养孩子获取幸福的能力

记者：在人工智能时代，人们长期以来信奉的"认真学习—取得好成绩—考好大学—上好专业—找好工作"的逻辑，似乎越来越不确定能走得通。那面向未来，我们的孩子要学什么样的知识，养成什么样的能力？

唐江澎：现如今的AI时代像刚有了电的时代，AI开启了人类生活的全新时代。在不确定的时代里，让每个孩子具有获取幸福的能力，比取得世俗意义上的成功更重要。我以为关键在于他要有一个痴迷的爱好、坚韧的持久力。

记者：作为家长，如何去发现孩子喜欢什么，擅长什么？如果让孩子自己选择，大多数孩子可能对手机更感兴趣。

唐江澎：对。一个原因是我们把兴趣和爱好放在考试的科目里来看，许多人在语数外化生政史地这些考试科目里去寻找孩子的兴趣点。还有的家长认为，如果孩子的爱好跟学业成绩没关系，要这种兴趣干吗？但如今的世界，给我们的教育提出了许许多多新难题，要解决这些难题，不应局限于那些考试的科目。因此，我们的评价方式要发生改变，在国家所规定的课程全面合格、全面达标的基础之上，充分挖掘学生在其他领域的浓厚兴趣，并提供合适的课程。

记者：现有的课程体系，孩子们压力已经非常大了，如果再加其他课程，会不会压力更大？

唐江澎：学生压力大的一大原因是我们误把"全面发展"当作"全科优秀"，现在的学业测评存在一定问题。另外，对学生进行测评是一回事，用什么表达测评的结果是一回事,而这个结果怎么使用是另外一回事。比如,可以以"合格""不合格"来替代具体的分值。目前,我们最大的错误是把每一次考试的结果都进行排序。当生活场景变成单一学习场景,丰富的人生话题变成一个单调的分数排序话题时,孩子们的成长快乐又在哪里?所以要改变我们的教育生态,改变整个学校的教育氛围。

记者:那您觉得改变的重点在哪里?

唐江澎:要改变评价方法。我们需要不断追问,"全科优秀"的学生与"全科合格+特长突出"的学生,哪一种人更能适应 AI 时代,更能创新创造?我们要带着这些问题前进。就像面对的是一片大海,我们要知道自己是朝着海的方向不断行进的。作为中学校长,则更应关注通往海边的路在哪里,还有哪些荆棘必须拔除,然后给孩子创设或者和孩子一起创造出一条通往海边的路。我想,所谓"牛校",一定"牛"在培养出了一批拥有痴迷爱好、突出特长的学生。

> 记者：您对"通往海边的路"是怎么设想的？

唐江澎：一方面要关注 AI 可能给教学带来的变化，运用它服务于教育价值的实现；另一方面要更加关注超越 AI 工具性价值、彰显人类高贵品质的特质的培养。2021 年，我提出好的教育应该是培养终身运动者、责任担当者、问题解决者和优雅生活者，目前在网络上已经引起很大的共鸣。在 AI 时代，这个说法同样不过时。

AI 时代，要培养对身体有自信的终身运动者，保持终身运动的习惯，让孩子对明天永远怀有积极的期待；要培养有情怀的责任担当者，让孩子多做家务劳动，多参加公益活动；要培养问题解决者，帮助孩子养成阅读习惯，通过阅读丰盈自己的精神世界，找到解决问题的方法；要培养有创造力的优雅生活者，让孩子拥有幽默素养、平和从容的心态，对世界葆有敏锐的感受力。

《焦点访谈》专访｜健全公平入学的长效机制[①]

记者：当前个别地方学校仍然以竞赛成绩、考试证书、培训证明等作为招生入学依据或参考，您如何看待这种情况？

唐江澎：一定要关注教育的"剧场效应"：原来大家都安静地在座位上观看剧目，现在第一排观众站起来看，后面的观众只好站在椅上看，最后排的观众只能被迫架在梯子上看。结果是人人受累、人人遭罪，把原来一场欣赏活动变成了一次竞赛活动。这是当前教育"内卷"的真实写照。

一些地方在小学义务教育阶段进行"掐尖"，

[①] 2024年4月20日，接受央视记者一个半小时专访，后《焦点访谈》播出了部分内容。本文根据部分访谈内容整理。

也就是"掐"一部分学生前排站立,将极大扰乱"剧场秩序",破坏"观剧生态"。"掐尖"把教育竞争加剧化,成为青少年发展当中不可承受之重。

竞赛培训、考级辅导之所以屡禁不止,重要原因是有招生加分的需求拉动,进而形成了供需关系。所以,必须从源头上治理,严禁竞赛成绩、考试证书与入学挂钩。

记者:您如何看待此次义务教育阳光招生专项行动的开展?

唐江澎:我觉得当一种教育现象发展到需要我们以专项行动的方式来治理的时候,那一定是想要通过这样的行动来遏制它蔓延的势头,为广大青少年的成长提供一个良好的教育生态,这个意义是非常重大的。但同时,如同治理"剧场乱象"一样,只有管理方出面以强制性指令,才能让"前排"坐下来,全场有秩序,让"观演生态"恢复。但同时也要看到,一般专项行动都针对突出问题,还要真正建立长效机制,让每个孩子在不同的环节、不同的关口都能够有精彩的人生呈现，获得发展。真正的长效机制，还是要从考试评比制度上寻求重大突破，比如逐步取消中考，推进十二年一贯制教育。

学术沙龙｜智能时代"数理化"课程往何处去？[①]

教育部课程教材中心将在近期举办智能时代基础教育课程教学改革研讨会。中国教育学会副会长、香港中文大学（深圳）当代教育研究所所长唐江澎应邀出席，参加以"智能时代课程往何处去"为主题的学术沙龙并就高中课程改革提出建议。为广泛听取各方面专家、学者的意见，唐江澎所长以座谈、信函、微信语音等多种方式进行访谈调研，这里整理与科学家对话的部分内容，以飨读者。文

[①] 2025年4—6月间，为准备智能时代基础教育课程教学改革研讨会上的高中课程改革建议，与科学家、人文领域专家、一线校长进行了多轮对话、研讨，整理的部分内容先后在《人民教育》《中国基础教育》上刊发，收入本书时有删改。

中科学家的观点,都已经本人确认。

唐江澎:任何一次课程改革,都必须关注时代发展、人的发展需求,也必须关注课程的学科基础,这是课程构建的三大基石。这次邀请的诸位都是教授、科学家,诚向各位请教,请大家结合自身学科专业,围绕但不限于下面问题谈谈看法,对 AI 时代重构高中数理化课程体系提出专业建议。

问题一:AI 时代对高中数学、物理、化学课程内容会提出哪些新要求?传统课程的基本内容哪些不会变化,哪些必须改变?

唐江澎:有请唐本忠院士。唐院士是中国科学院院士、英国皇家化学学会会士。主要从事高分子合成方法论探索、先进功能材料开发以及聚集诱导发光(AIE)现象研究,曾获得国家自然科学奖一等奖。

唐本忠:这是一个非常好非常重要的话题。AI 对教育的冲击会非常大,像我们现在这种填鸭式教育,在 AI 的面前会碰到很多很多问题。当前教育的一大问题,就是我们只教结论,不讲结论是怎么来的。我们知道,科学上一些重大的发明,一些重大的原理,都是碰到问题之后去设法解决,经过探索的过程后,最后得到一个结论。从科学研究的角度看,结论怎么来的比结论本身更重要。

教学也是如此,尤其是在 AI 时代,让学生知道课本上的结论是怎么来的,怎么得到的,这个过程对学生会有非常大的启发意义。在 AI 回答科学上的结论比人还回答得要好的情况下,我们现在要做哪些变革呢?

一是要培养学生批判性的思维。如果教育只让学生记住教科书上的东西,要学生把书上的东西记住、背下来考 100 分,这样培养技术工人也许是好的,但对培养科学人才是不利的。学生掌握一定的基础知识是必要的,但并不是说把这些结论给背下来,而是要知道这些知识怎么来。同时,我们还要知道课本上的这些结论不是一成不变的,也不一定永远都对,所以培养学生批判性思维非常重要。科学上的拔尖人才，一定不会也不能人云亦云。要培养顶尖人才，要培养创造性的大科学家，就必须让学生具有批判精神。

二是要让学生善于发现问题，敢于提问题。发现问题、提出问题是解决问题的前提，比解决问题更重要。因为一个问题放在那个地方，人们总是可以找到办法去把它解决，关键是这个问题是怎么发现并提出来的。——我觉得当前教育在培养学生发现问题能力方面是非常欠缺的。

唐江澎：唐本忠院士的观点发人深思。许多人也许不知道，唐院士还是著名男高音歌唱家，我听过院士用意大利语演唱《我的太阳》，而下面请出的唐叔贤院士则是运动健将，八十高龄每天仍在网球场挥拍运动。唐叔贤院士是中国科学院院士，发展中国家科学院院士，是著名的材料表面科学与技术专家。唐叔贤院士1942年出生于香港，他的高中时代在香港度过，我们听听他的看法。

唐叔贤：AI时代学生的数理基本功必须扎实，

这跟以前的要求是一样的。必须改变的,一是非理性内卷下的超前学习,二是高中数理化课程内容对新技术要保持开放心态。

唐江澎:两位老专家之后我们请出80后新锐吴辰晔教授。吴教授2013年清华博士毕业,师从图灵奖得主姚期智先生。吴教授从事的学科是计算机工程、新能源科学与工程。

吴辰晔:基础性的该理解和记忆的内容,我觉得应该不会减少。不过,随着AI工具的运用,学习效率会大大提高,在此背景下可以考虑增加一些必要的知识点。AI时代必须改变的,是目前的学习方式。

唐江澎:有请胡守川教授。胡教授是美国密苏里州立大学教授,美国数学科学研究所所长。

胡守川:传统高中数学课程内容应该大体不变,但重心可能更偏向新概念的阐述和与现实生活的关联。大量做题的学习方式必须改变。

唐江澎:下面有请王学锋教授。王教授研究

领域为偏微分方程及其应用,他在杜兰大学工作了26年,一直从事数学教学工作,他对高中数学课程改革有系统化思考。

王学锋:我认为,高中数学课程的新要求,应该强化批判性思维(甄别 AI 输出)、深化数据素养(获取、清洗、建模)、培养人机协同能力(用 AI 工具聚焦策略)。

有些内容不会变化,比如数学思想方法(分类、数形结合、直觉培养),符号化表达,基本的代数运算(但不要过分地追求技巧),训练逻辑推理和学习基本的欧式几何为目标的基本的几何证明(也不要过分地技巧化),函数关系,三角函数基础(为以后的傅氏级数、傅氏变换打基础,而这些在 AI 时代极其重要),方程建模。

现行课程教学必须改变的方面,是过多的技能训练的内容,过于强化的重复数值计算和机械解题技巧训练。这些必须减下来,把节省下来的时间和精力用在学习数学里的大思想、大方法方面,带领学生向"前"学（初等微积分和初等线性代数——在 AI 时代后者甚至比前者更重要，但在一般的中学不讲，学生甚至不知道矩阵和行列式）。教授一个新的数学概念、方法、定理时，不要只讲所谓的"干货"，需要系统地讲背景和原始驱动问题，几何、物理直觉，推导细节以及应用（在数学和其他学科中的应用）；加强算法思想，植入逼近思想与价值观；增加数据科学模块；融入统计学基础（如假设检验、回归分析），概率模型（如贝叶斯思维），算法逻辑（如排序与搜索）。

唐江澎：周勇教授也为本次访谈准备了书面文稿。周勇教授是南大物理学院教授，主要从事材料科学研究。

周勇：新要求有三方面。（1）数据素养。AI 是处理数据的强大工具，但理解数据需要人。培养学生获取、处理、分析、解读数据的能力，理解数据背后的意义和不确定性。（2）高阶思维能力的培养。减少对低阶知识记忆和简单计算的要求，大幅提升学生问题解决、创新设计、数据分析与解读、跨学科整合的能力。（3）人机协作能力。学习如何有效利用AI工具（如文献检索、数据分析、模拟实验、结构可视化等）辅助学习和研究，而非取代思考和判断。

不会变化的方面。（1）基础知识核心地位。物质结构、化学反应、化学键、元素周期律等构建学科骨架的核心概念和基本原理不能变，它们是理解更高层次知识的前提。（2）科学本质与方法。观察、假设、实验、验证、推理、证伪等科学思维和探究方法不能变，这是科学精神的根本。

必须改变的方面。（1）过时的知识与技能。一些陈旧的、与现代科技脱节的知识点可以适当调整或更新，例如可以减少一些过于复杂的、在实际应用中较少涉及的化学反应机理的烦琐推导。（2）教学内容的深度与广度。大幅引入现代科技前沿的基础概念和应用，例如简要介绍量子点、钙钛矿太阳能电池等，即使不深入细节，也要让学生知道世界已经发展成这样了。同时,降低手工计算复杂度和纯技巧性题目权重,大幅提升实验设计、动手实践、数据处理、信息检索与甄别、论证表达、合作探究的权重。(3)评价体系。改变过度依赖标准化纸笔考试的评价方式,特别是纯粹计算题,增加对过程性表现和实践能力的评价。

问题二:有学者认为,我国理科课程内容落后于世界,约60%的中学理科内容仍停留在200年前的科学成果(如牛顿力学、欧姆定律),而量子计算、基因编辑等现代科技未纳入教材。教学方法僵化,实验教学占比不足30%(发达国家普遍超过50%)。学生以刷题为主,物理学习直接引入缺乏数学推导,例如,高中物理中的微积分应用仅停留在套用公式层面。您认同这种看法吗?可以举例子来说谈谈。

唐江澎:听听周勇教授的观点。

周勇:一是部分认同的内容。(1)内容滞后。教材内容确实存在滞后性。现代科技的基础知识在中学教材中有待补充和完善，化学教材对现代化学研究前沿涉及较少。（2）教学方法僵化。传统的刷题模式和缺乏数学推导的教学方式不利于学生深入理解知识。（3）实验教学不足。化学是一门以实验为基础的学科，实验能够帮助学生更好地理解理论知识，培养实践能力和创新思维，但中学化学实验教学占比不足30%。同时，实验往往沦为验证已知结论的步骤，而非探索未知的工具。

二是不完全认同的方面。（1）"200年前成果"的价值。经典知识具有不可替代性，中学化学课程的核心是帮助学生建立扎实的化学基础知识体系。经典理论虽然相对"古老"，但它们是现代科学的基石，是学生进一步学习和研究的必要前提。例如，化学键理论是理解物质结构和性质的基础，元素周期律是学习无机化学的核心框架，这些内容在化学教学中仍然具有不可替代的作用。（2）课程目标的多样性。中学化学课程的目标不仅仅是传授最新的科学知识，还包括培养学生的科学思维、实验技能、探究能力和科学素养。这些目标的实现需要通过经典知识的学习和实践来完成。例如，通过化学实验操作，学生可以培养严谨的科学态度和实验技能，这些能力对于他们的未来发展至关重要。

问题三：您想象一下，AI 时代的中学数理化课程的教与学，应该采用什么方式？

唐江澎：请大家谈谈意见。

吴辰晔：传统通过作业和习题的方式，让学生理解概念，效率是很低的。"理解概念"和"做对习题"两者并不完全等同，即便题目做对了，对概念到底能理解多少，还是靠"悟"。

通过 AI 工具的使用，特别是学生自己对着一个概念来提问，在当前班级授课背景下更有利于实现个性化教学的目的，更容易弄清楚学生为什么没理解。这种方式才能把学生真的从题海战术中解放出来。题海战术是为了查缺补漏，AI 工具有可能实现个性化，主动发现学生的短板。

胡守川：在数学学习上，教师注重数学概念的引入解释、适用条件、相关的数学过程演示及实际应用;学生根据自己的理解,选择性地做少量习题,大量重复性的练习可以通过 AI 平台观摩;师生互动主要通过在教师指导下,由学生主动解决相关的实际问题或项目来实现。

周勇:中学化学学习方式除 AI 支持的个性化学习路径、人机协同学习、跨学科合作学习之外,想重点谈两方面。

一是构建虚拟与模拟实验环境。针对危险性高、成本昂贵、耗时较长或微观层面的化学过程,采用虚拟实验与模拟技术,使学生能够自主设计实验方案、调整参数(如浓度、温度、催化剂等),即时观察实验结果(包括数据变化与可视化呈现),并通过试错机制深化探究能力。此外,结合虚拟现实(VR)与增强现实(AR)技术,直观展示分子结构、反应过程及能量变化,将抽象概念具象化,提升学生的理解深度。

二是借力智能化探究助手。利用 AI 技术辅助学生处理复杂实验数据，包括统计分析、曲线拟合与数据可视化，引导学生深入挖掘数据中的模式、异常点及其科学意义。学生们可以在短时间内预见成果，并迅速进行实验模拟，在实际操作中验证理论知识，从而促进创意发挥，提高创新能力。

唐江澎：下面请出朱熹教授，他是"少年班"出身的年轻科学家，我去过他的实验室，观摩过他的团队研发的实验室管理机器人。听了周勇教授的观点，想起来朱熹教授当时讲的一句话，"我们今天在培养最后一代瓶瓶罐罐做实验的学生"，AI和机器人技术的革新将给化学学科的实验教学带来革命性的变化，请朱教授谈谈。

朱熹：是的。在当今 AI 逐渐崭露头角的时期，学生选择化学专业时会更多地比较其他专业，会考虑更多的因素。在产业界都在使用 AI 和机器人进行技术革新的背景下，手工实验教育正在逐渐失去客观意义。另一方面，高效使用 AI 和机器人进行科研生成，对传统实验学科进行技术升级，本身也需要全新的教育体系进行人才培育,就像现在会使用瓶瓶罐罐做实验的学生并不会自动学会使用尖端实验设备一样,通过 AI 和机器人进行实验操作本身也会成为实验科学教育的必然组成部分。

因此,从教育逻辑上讲,我们今天在培养的"用瓶瓶罐罐做实验的学生"就是最后一代了。就像现在骑马已经不是主要的通勤手段,但骑马还是会以旅游爱好的方式出现在我们生活里一样,手工实验操作会从学生教育走向兴趣爱好。

问题四:中小学能培养拔尖创新人才吗?应该关注哪些基本素养培养?

唐江澎:这是社会普遍关注的一个问题,也请大家发表意见。先请港中深理工学院的彭小水教授谈谈。小水教授主要研究领域为天然药物化学。

彭小水:我谈三点看法。一是学生和老师不可以过分依赖外部输入和 AI 工具,需要学会自我判断外部知识的正确性和借鉴价值。如若碰到难题时不是先进行深思熟虑,而是第一时间求助 AI,久而久之,学生的思维能力必将断崖式退化,势必会导致自身的创造性思维不断萎缩。二是不可让学生忽视基础知识的理解和推导过程,否则会从根本上损害创新的动力、学习能力的培养。三是学生过分沉溺AI,可能会减少与他人合作、沟通的机会,进而削弱他们的人际交往能力与心理素质,这是创新人才培养需要重视的方面。

吴辰晔:现在基础教育阶段对学科竞赛人才的培养,从学科竞赛成绩上看,是突出的。但是如果观察这些竞赛获奖同学大学专业的选择、深造的选择和就业的选择,就会发现,大部分并没有真的从事竞赛的学科。从选择上,这无可厚非。但是这也说明,我们在中小学阶段,没有完全挖掘出来同学们到底喜欢什么,未来的理想到底是什么。

所谓拔尖创新人才,我想不仅仅是在各种竞赛上取得成绩,而应该是从长期来看,取得了相关领域的成就。

擅长未必是热爱,擅长本身并不一定能给人带来长久的动力,反而会时不时让人陷入迷茫,不知道工作的意义是什么。只有热爱,才能有执着,唯有执着,才能带来长久的动力和一往无前的勇气,这些才是拔尖创新人才最需要的。

胡守川:由于 AI 平台可以提供从小学到大学的所有基础数学知识,只要老师能够培养学生对新的数学概念真正的理解及其在生活中的应用,熟悉其适用条件,掌握相关的数学过程,学生就有可能根据自己已经具有的数学程度,借助 AI,自己学习高年级的数学内容。

王学锋:国内中学的早期培养数学拔尖创新人才的方式主要是通过一些高端的数学竞赛活动,比如丘成桐数学竞赛等,这些活动有其积极的一面,但同时因为升学的诱惑,也导致其过度应试化。

根据我的观察,真正有数学天分的学生是很少的,一个很好的中学历史上出过两三个天分很高的学生比较现实,这不足以形成常年运转的拔尖创新班。我相信原生态的培养方式例如兴趣小组即可。

周勇：拔尖创新人才并非在大学阶段突然涌现，其成长需要中小学这一早期阶段提供的肥沃土壤。因此，教育目标应聚焦于为全体学生营造有利于创新的环境，助力每位学生成长为具有发展潜力的个体，而非对特定学生进行过早的"催熟"或单一的"定向"培养。

朱熹：当前中小学培养拔尖创新人才应关注以下几方面基本素养的培养。（1）基础能力。加深对基本概念的理解，需培养区分AI生成与真实的能力。（2）创新能力。重在批判性思维的训练，需注意的是AI难以替代的创造力的运用。（3）实践能力。注重跨学科应用，利用AI促进多领域知识整合补足。（4）协作能力。重视团队领导力的培养，需避免AI对人际互动的弱化。

问题五：中小学学生可以使用计算器吗？如可以，您觉得从几年级使用比较合适？

唐江澎：这个问题请王学锋教授回答。

王学锋：可以且必要。但计算器的概念要向外延，如图形计算器，GGB（动态数学软件）等软件，建设数学可视化实验室。

引入年级建议从小学中高年级（4—6年级）探索性使用（不替代基础运算）；初中起开放用于复杂运算（聚焦建模与解释）；高中阶段允许使用图形计算器，用于函数图像分析、统计模拟，计算器用于验证手算结果，而非替代思考（如用计算器解方程时需先推导步骤）。

一个很重要的问题是，考试是否可以用计算器？在美国大学是可以的，但计算器不可以有符号计算的功能，只可以有算术计算和画图功能。在中小学考试和高考中，限制计算器功能首先比较难定规则，其次比较难在考场进行有效监督，所以不建议在中小学数学考试和高考中允许用计算器。

课堂对话｜钱学森小时候补课、上培训班吗？[1]

唐江澎：上课，同学们好！钱学森不仅是你们这一代人心目中伟大的科学家，在我眼里，也一直是神一样的存在。多少年来一直渴望走近他，但又遥不可及。高新一中初中的孩子们如此幸运，今天这节课我们请来了钱学森先生的儿子钱永刚教授！

请钱永刚教授上场。请钱教授在钱学森先生的照片前坐下。请侧侧身，保持这样的坐姿。

生：（大笑）

唐江澎：钱教授给我讲过一个故事：一位著名

---

[1] 2024年9月14日，陕西省钱学森班创新教育研究院在西安高新一中举办"科学家精神进校园"活动，应邀给学生上公开课。本文根据部分现场录音整理。

的雕塑家为钱学森先生雕像,自认为已经形神兼备了。但钱永刚教授前去评价时,却摇了摇头。雕塑家疑惑不解,询问哪里不像。钱教授不语,只是以今天这样的坐姿坐在雕像面前,让雕塑家仔细观察自己的下颌线条。同学们一起看钱教授与钱老的照片,感受下体现神韵的下颌线条。

机会难得!我希望同学上台,与钱教授对话。

生:(争相上场)

唐江澎:好了!好了!台下也可以举手发言,不用再上来了。同学们,今天对话的主题是"科学家精神进校园"。我的身份是对话主持人兼语文老师,我既要以主持人身份引导对话,总结归纳,还要对各位同学的提问与表现进行讲评指导,保证语文教学有效。

下面,请同学提问。

学生1:钱教授,您好!请问当今时代,青少年应如何发扬科学家精神?

唐江澎:我很欣赏你发问时的礼貌,我也注意到你在提问时始终与钱教授保持眼神交流,这很好。不过,你的问题虽然贴合今天的主题,但过于宏大,可能会让钱教授回答起来像作一场大型报告。

钱永刚:这的确是比较大的问题,我还是结合钱学森的五次人生选择来谈,他的每一次人生选择都是为国家、为民族。(略)钱学森这一代科学家深受传统文化特别是儒家学说影响,"以天下兴亡为己任"从小就扎根在他们这些读书人心里,要求每一个人都要有社会责任感。因此,我认为学习科学家精神,最主要的是要学习老一辈科学家以国家的兴亡、民族的强盛为己任的精神,这是我们后来人最应该学习的地方。

今天孩子们学习,不能只盯知识,重要的是为民族复兴而学,培育对祖国的热爱,对民族的热爱,对社会的热爱。有了大爱,才能有大格局,才能有动力,才能有大贡献、大作为,才能弘扬科学家精神。

唐江澎:钱教授提到了一个重要的观点,那就是读书首先要明白为何而读,我们应该从老一辈科学家身上传承的,是"天下兴亡,匹夫有责"的精神,是"位卑未敢忘忧国"的情怀,是"天生豪杰,必有所任"的担当。说到这里我又想起孔将军早上所展示的马兰基地的碑文上的那句话,正是有了这样一群人,这块沉睡千年的国土,才成为一块祖国母亲挺起脊梁的热土。当我们立志把有限的生命投入为天下担当的时候,才会获得源源不竭的学习动力,"变分数为志向,因使命而学习"。

善于提问是一种重要的能力。请下一位同学提问,要求向钱教授提切口小一些、有挑战性的问题。不要有顾虑,提一个自己最想问的问题。

学生2: 好的,我最想问钱学森小时候假期也补课、上培训班吗?每天也有写不完的作业吗?

全场:(大笑)

唐江澎: 太了不起了,这又是一个值得今天教育人反思追问的"钱学森之问",这问题恐怕只有钱教授可以回答。

钱永刚: 这我也没见证过,但听说过。钱学森初中就读于北京师大附中,校长当时采取了一种独特的教学方法,即每天进行随堂测验,以此督促学生通过课堂听讲掌握知识,而非依赖课后作业反复练习。学生如果考90分,反而会被瞧不起,因为这意味着他们可能昨晚加班复习了。好学生的标准是考80分左右,这样既能显示他们的学习能力,又证明没有投入过多的时间进行机械复习。

唐江澎:这种当堂巩固替代课后反复操练的方法,对学生获取良好的学业表现可能更有效。学生尤其是钱学森这样的优秀学生需要自由发展的空间和时间,不应把所有精力都投注在做题上,天天做题,肯定培养不出钱学森。

钱永刚:关于钱学森小时候假期是否参加培训班的问题,我的答案可能会让你惊讶。钱学森的父亲也就是我爷爷是位大教育家,他是真懂教育,可以说是教育家爸爸培养出了钱学森。我爷爷早年留学日本,和鲁迅还有我外公蒋百里先生是同学,住在一起,不过,我爷爷念的是东京高等师范。爷爷给钱学森系统设计了暑假课程,头一年暑假是钓鱼、捉虾、捕鸟、粘知了,不过有个要求,最后要制作标本。后一年暑假是请了清华的学生和他一起,带着地质锤去野外敲岩石,要求办一个矿石展。也有假期专门学吹箫、拉二胡、弹钢琴,也有假期学摄影、学绘画。就这些,没听说我爷爷给钱学森安排补数理化的。到高中毕业的寒假,钱学森问我爷爷,这个寒假学什么课?我爷爷说,跟你妈学烧饭吧。于是,钱学森那年做了家里的年夜饭。我爷爷对钱学森说,学校里的数理化课程是逻辑思维训练,这部分学习由老师负责,而作为父亲,则着重补充形象思维的教育,以及动手能力的培养。对钱学森而言,爷爷让学烹饪,实际就是接受动手能力与形象思维合一的教育。

唐江澎:用今天流行的教育概念来分析,钱学森假期是进行项目式学习、跨学科综合实践学习。这种学习强调真实情景下的任务驱动,注重学生的经验和跨学科的综合。同时,钱学森的父亲也不断强化他的音乐天赋和艺术创造能力，发展他的感性素养、想象力等。

曾听过钱永刚教授介绍，实际上钱学森先生对于如何培养杰出的创造性人才自己也给出了答案，我姑且称之为"钱学森之答"，那就是文理兼修、融合艺术、强化基础、落实到工。如果按照这种方式来改变我们现在的教育，我们需要多一些通识教育，多一些艺术涵养，多一些能力培养，多一些工程实践，走出书本，走向生活，破除刷题应试的单一模式，才可能培养出钱学森这样的杰出人才。

请下一位同学提问，注意不要重复刚才两位同学的发问角度。

学生3：钱教授，是什么原因让钱学森发出了著名的"钱学森之问"？

（略）

学生4：科学家精神与工匠精神有什么区别呢？

钱永刚：首先，我们要明确科学家与工程师之间的区别。对于大科学家而言，他们的眼界绝非局限于某一专业或行业之内。实际上,他们的目光所及是整个客观世界。以钱学森为例,你阅读他的传记会发现,几乎没有他不关心的事情。钱学森晚年提出的农业理论,就颠覆了我们传统的防沙治沙观念。同样地,钱学森在面对改革开放和城市飞速发展时,提出了山水城市的理念来规划中国城市的未来。甚至在生产炒菜机器人的制作间,也挂满了钱学森关于烹饪机器人的语录。你可能会好奇,钱学森怎么会对智能烹饪也有所研究呢?我认为,这只能解释为,大科学家的目光确实能够触及整个客观世界。他们之所以能够拥有如此广阔的视野,是因为他们对科学与技术的理解与众不同。所以,只要理解了科学家与工程师、大科学家与普通科学家之间的区别,你就能明白他们行为上的差异以及所带来的不同结果。

唐江澎:在讨论过程中,有两个关键能力非常重要。第一个是提出问题的能力。这种能力要求学生在参与讨论中,不断总结、概括,并能够提出新颖、不重复的问题,这实际上是对逻辑思维能力的一种考验。第二个是倾听的能力。体现在听完发言后,能从中概括要点,把握关键内容。现在,我要提一个问题,如果我将前面同学提的三个问题的角度分别概括为志向、路径和机制的话,那么请同学们用一个词来概括刚才钱教授回答内容的角度。

学生:(众)眼界、认知、创新、品质……

唐校长:如果前三个问题是志向、路径和机制的话,第四个我认为更侧重品质。那么请第五位同学提问,注意,不能再重复前面问题的角度。

同学5:请问钱学森老先生在生活中有没有说过一句让您印象特别深刻的话?

钱永刚:钱学森本来是一个非常能说的父亲,但晚年也沉默寡言。让我印象深刻的不是钱学森"言传"的哪一句话,而是他老人家"身教"的东西:勤奋。钱学森先生是非常聪明的,甚至可以说有天才的因素在里面,但他的一生更是勤奋的。他的勤奋程度已经到了让人吃惊的地步,这是成为科学家最基础的条件。如果不勤奋，只靠聪明，那只是昙花一现。

唐江澎：虽然我们不能直接感受钱学森先生的风采，但他的精神气质却可以不断内化为激励我们的精神力量。

最后，我转述钱永刚教授讲的一个故事。钱教授的妈妈蒋英教授，是毕业于柏林音乐大学的著名女高音歌唱家、音乐教育家。电视剧《钱学森》播出后，钱教授陪妈妈一集一集观看。看完后，他问妈妈，您觉着电视剧拍得怎么样？蒋英教授沉吟半晌说了一句：主题歌不错！

这是大音乐家最高的评价，电视剧《钱学森》主题曲《飞翔的路》也从此成为全国 100 多个"钱学森班"的班歌。下面我们来一起朗诵《飞翔的路》歌词，结束这一节课。

寻找着飞翔的路
寻找着曾经的梦想

孤独旅途　无助回望
受伤的故乡
彼岸阳光　异域洋房
不是我天堂

大海苍茫　归心渴望
曙光耀东方
红色旗帜　黄色皮肤
别后可无恙

给我一双升腾的翅膀
告诉我　哪里是爱皈依的地方
我要飞翔　我要飞翔
越过自己　越过四季
越过银河闪烁的星光
向远方

后记

这是一本"说"出来的书,收录了最近两年在各种场合的演讲。得益于AI语音识别的强大功能,可以迅速把脱口而出的即席感怀或者论坛讲座的专题演说转换为大体准确的电子文本。出口即可成章,"立说"就是著书,确实是一大进步。

即使如此,许多记者编辑、团队朋友还是付出了很多辛苦。因为录音文稿要刊发于不同媒体,有些要求体现口语表达的现场感,有些则追求学术刊物的严谨性,语言风格不同,都需要整理修改。感谢大家的付出,也期待按需求指令整理文字一类的繁重工作,不久都可以交由AI完成。今天又看到脑机接口技术的重大进展,几年之后,思考的内容是否可以直接导出成为文本？甚或文本是否还有存在的价值？

AI技术发展的速度大大超过我们的想象，以后的生活会怎样我们难以预料，这也驱使我们思考教育的一些基本问题：1860年诞生的现代学校教育制度，会朝哪个方向发展？从人力资源开发角度定义教育目的，能否定义未来？什么是基本功，百步穿杨的神功在今天是否还需要拥有？能让未来学生获得幸福的关键品质是什么？我们的教育方式应该发生哪些改变？

这本小书记录的就是这个时间段内我的一些思考，相信许多思考在飞速变化的技术面前会变得毫无价值，或都只是一个时代开场的引子。但思考本身也许是重要的，这也是我愿意将这一册小书付印的唯一原因。

唐江澎

2025年6月30日于神仙湖畔

感谢您使用本书。您在使用本书时如有建议或发现质量问题，请联系我们。

【内容质量】电话：4008283622
【印装质量】电话：4008283610

图书在版编目（CIP）数据

AI时代学生画像/唐江澎著．--南京：江苏凤凰教育出版社，2025.7（2025.12重印）．--（好的教育）．
ISBN 978-7-5743-1797-0

Ⅰ．G43

中国国家版本馆CIP数据核字第2025NY3576号

书　　名	AI时代学生画像
著　　者	唐江澎
责任编辑	林　琬　马　笑
出版发行	江苏凤凰教育出版社（南京市湖南路1号A楼　邮编210009）
苏教网址	http://www.1088.com.cn
照　　排	南京私书坊文化传播有限公司
印　　刷	江苏扬中印刷有限公司（电话：0511-88420818）
厂　　址	江苏扬中市大全路6号（邮编：212212）
开　　本	787毫米×1092毫米　1/32
印　　张	9.75
版　　次	2025年7月第1版
印　　次	2025年12月第2次印刷
书　　号	ISBN 978-7-5743-1797-0
定　　价	60.00元
网店地址	http://jsfhjycbs.tmall.com
公 众 号	苏教服务（微信号：jsfhjyfw）
邮购电话	025-85406265，025-85400774
盗版举报	025-83658579

苏教版图书若有印装错误可向出版社调换